天皇の秘宝

―さまよえる三種神器・神璽の秘密―

深田浩市

鳥影社

天皇の秘宝

——さまよえる三種神器・神璽の秘密——

目次

第一章　神璽とは何か

第二章　さまよえる秘宝

第三章　そしてレガリアへ

最終章　天皇の系譜

天皇の秘宝

——さまよえる三種神器・神璽の秘密——

第一章　神璽とは何か

神璽の伝承

三種神器《さんしゅのじんぎ》の一つである八尺瓊勾玉《やさかにのまがたま》は、古来神璽《しんじ》とも呼ばれ、八咫鏡《やたのかがみ》、草薙剣《くさなぎのつるぎ》とともに皇位継承と共に受け継がれている天皇のレガリアの一つである。

後でくわしく述べるように、八咫鏡と草薙剣については、神話の時代から伝承される本体は十代崇神《すじん》天皇の御代に御所から出され、今はそれぞれ伊勢神宮、熱田神宮のご神体であり、現在皇居にある鏡剣はいずれも形代《かたしろ》（霊性を持った複製。分身）という。

これに対して八尺瓊勾玉には複製はなく、本体のみが皇居にあるものの、鏡剣と同様天皇を含め何人《なんぴと》も実見することは許されないとされ、謎が多い。

八尺瓊勾玉の存在そのものは非常によく知られた存在であるにもかかわらず、誰もその実像と意義を知らない、ミステリアスな天皇の宝なのである。

多くの歴史家も、勾玉にかかわる記録や伝承をまとめたが、筆者の知る限り、正体そのも

今上天皇即位の儀式「剣璽等承継の儀」。左が璽筥(神璽が入った箱)。右は形代の草薙剣。(「内閣広報室」配信の動画より)

のに迫った著書はないように思う。

ここではまず簡単に正史に伝わる八尺瓊勾玉の記録を紐解き、そのあと知られざる八尺瓊勾玉の正体に迫ってみたいと思う。

なお、〝八尺瓊勾玉〟ではいかにも長く使いづらいため、本書では原則として八尺瓊勾玉の通称である「神璽」と表記することとする。

『古事記』によれば、天照大御神《あまてらすおおみかみ》が弟神である速須佐之男命《はやすさのおのみこと》(『日本書紀』では素戔嗚尊)の乱暴狼藉《ろうぜき》を見て恐れ、「天の岩屋の戸」の中に隠れてしまった際、真っ暗になってしまった世界に光を取り戻すため、祭りを行う神宝の一つとして神々が作ったものが神璽だという。

……爾《しか》くして、高天原《たかまがはら》皆暗く、葦原中国《あしはらなかつくに》悉《ことごと》く闇《くら》し、此《これ》に因《よ》りて常夜《とこよ》往きき（夜ばかりになること）。……是を以ちて、八百万《やほよろづ》の神、天の安の河原に神集《かみつど》ひ集ひて……伊斯許理度売《いしこりとめの》命《みこと》に科せ、鏡を作らしめ、玉祖命《たまのおやのみこと》に科せ、八尺の勾璁《まがたま》の五百津《いほつ》の御須麻流《みすまる》の珠を作らしめて……

とあり、鏡や玉を飾って神々が大騒ぎして笑っているのにつられて天照大神は外に出てきた、とされている。

もう一つの神器である草那芸剣《くさなぎのつるぎ》（『日本書紀』では草薙剣）は速須佐之男命が八岐大蛇《やまたのおろち》を退治した際、その尾から出てきた剣を天照大神に献じたものといい、当初は天叢雲剣《あめのむらくものつるぎ》と呼ばれていたものが、日本武尊《やまとたけるのみこと》（倭建命）の時に草薙剣と改称したともいう。

一方、神璽は八尺瓊五百箇御統《やさかにのいほつのみすまる》とも『日本書紀』に書かれ、作ったのは「玉作《たまつくり》が遠祖伊弉諾尊《いざなぎのみこと》の児天明玉《みこあめのあかるたま》」といい、小異はあるが同じ伝承を伝えている。

また、『日本書紀』には他にも諸説を載せているのだが、一書に曰くとしてやはり素戔嗚尊が玉作の祖羽明玉《はのあかるたま》から「瑞八坂瓊曲玉《みづのやさかにのまがたま》」を献上されたため、これを天照大神に奉ったともある。

神璽は「天岩戸開き神話」に起源があるという

いずれも三種神器はすべて天照大神と速須佐之男命に深くかかわっており、神璽の性質もこの二柱の最高神抜きでは語れないだろう。

そして天照大神は、孫神にして天皇家直接の祖神でもある瓊瓊杵尊《ににぎのみこと》に〝八尺瓊勾玉及び八咫鏡、草薙剣〟の三種宝物を賜《たま》い、

豊葦原《とよあしはら》千《ち》五《い》百《ほ》秋《あき》之《の》瑞穂《みづほ》國《のくに》は是、吾《あ》が子孫《うみのこ》の王《きみ》たるべき地《くに》なり。宜《よろ》しく爾皇孫《いましすめみま》就《ゆ》きて治《し》らせ。行矣《さきくませ》、寶祚《あまつひつぎ》之《の》隆《さか》えまさむこと、當《まさ》に天壤《あめつち》と窮《きはま》り無けむ

(この豊葦原《とよあしはら》千《ち》五《い》百《お》秋《あき》之《の》瑞穂《みずほ》の日本の国は、私の子孫が君主となるべき国である。さあ、私の皇孫よ、行って統治しなさい。元気でいなさい。皇統が栄えて続くことは、まさに天地が続くように永遠のことだから)

と有名な「天壌無窮《てんじょうむきゅう》の神勅《しんちょく》」により、天照大神が自らの子孫である天皇家に授けた日本の君主の正当性を証すレガリアとして位置づけられるのである。

ところで『続古事談《ぞくこじだん》』（一二一九年）等によれば、平安時代の皇室には三種神器の他、

醍醐《だいご》天皇ゆかりの壺切御剣《つぼきりのみつるぎ》
百済《くだら》王が献上したという大刀契《だいとけい》
造酒司《みきのつかさ》の大刀自《おおとじ》の壺《つぼ》
天下《あまくだ》りける油漏器《ゆろき》
典薬寮明堂図《てんやくりょうみょうどうず》

といった霊物が伝わっていたという。

三種神器と比較して、はるかに重要性や神聖性に劣るこれらの宝物の起源はかなり後世に下る。それでも、壺切御剣以外はことごとく散逸するか灰燼《かいじん》に帰し、今に伝わるものは一つとしてない。

歴代皇太子が立太子の際、天皇から授けられるという壺切御剣さえも、初代のものは焼失し、今に伝わるものは二代目である。

いくら皇室が丁重に保管していたとしても、数百年も経てば戦乱や火気によって失われるのは無理もないと言える。

にもかかわらず神話にまでさかのぼるレガリアの実物が三つとも現在にまで伝わっていること自体驚くべきことだが、実物は後で述べるようなある事件を除いて確認することもできず、このことがますますミステリアスなイメージを増幅させている。

誰も見ることが許されないというのは記録上も明確であり、南北朝時代の花園天皇宸記《しんき》(日記)の正和元(一三一二)年二月の記録には以下のようにある。

関白の鷹司冬平《たかつかさふゆひら》が持つ文一巻の口伝として、神璽について「璽筥《しるしのはこ》(神璽の入った箱)ノ中ニハ入印云々」とあるから印鑑のようだが、『日本書紀』や『古事記』を見ると玉のようだから、このことを冬平公に尋ねたところ、

「異朝に伝る國璽は玉之由《たまのよし》は分明なる、神璽に於ては同じく非《あら》ず、霊物を知らずの由を称ふ、吉説の旨これを称ふ」と答えたという。

〈(花園天皇の時代の大陸国家である)元では国璽といえば翡翠《ひすい》で作った印鑑だから、翡翠つまり玉《ぎょく》です。しかし神璽はこれとは違います。霊物ゆえにわからぬことがありがたく、玉という説もまたありがたい〉

この後花園天皇は、慈鎮和尚記《じちんかしょうき》に神璽は八勾玉と書いてあるのだから、疑うべきではないのだろう、と書いている。

慈鎮というのは平安末期から鎌倉時代初期にいた慈円《じえん》のことで、摂政関白をつとめた藤原忠通《ただみち》の子で、彼自身が天台座主に四度就任したという、当時最高の毛並みと学識を持った人物であった。

慈円は『夢想記(後述)』においてやはり神璽を「印鑑だと思っていた」が、壇ノ浦合戦での事件と神秘的な夢、それに『記紀』の記述によりそれが玉だと確信したと書いている。天皇も貴族も、誰も目の前にある箱を開けることは許されなかったことがよくわかる。

このように平安期以降は天皇や貴族もみな神璽を印鑑だと誤解していた背景には、ある複雑な経緯と巧みな手法が隠されていたのである。このことは章を改めて説明しよう。

二種神器

ところで、斎部広成《いむべのひろなり》が八〇七年に編纂した『古語拾遺《こごしゅうい》』によれば、

即ち八咫鏡及び草薙劔の二種《ふたくさ》の神寶《かむたから》を以て皇孫《すめみま》に授け賜ひ、永《ひたぶる》に天《あま》つ璽《しるし》(所謂《いわゆる》、神璽の劔鏡是なり)と為し、矛《ほこ》と玉は自《おの》ずから従《したが》ふ

と書かれている。

つまり元々鏡剣二種が主要な神器であり、矛(不詳)と玉(これが神璽か)はあくまで神器に準ずる(つまり神器とまでは言えない)ものだったと主張しているようにも見えるのである。

一方、物部氏の伝承を記録したという、平安初期に成立した『先代旧事本紀《せんだいくじほんぎ》　天神本紀』によれば、

「則ち八尺瓊勾玉及び八咫鏡、草薙剣、三種宝物《みくさのたからのもの》を授けて永く天璽《あまつしるし》と為しむ。矛玉は自から従へり」

とあり、「矛玉」の玉と「八尺瓊勾玉」は別のものだと書いていて、書き方を含めて『日本書紀』と『古語拾遺』の折衷版のようになっている。

この『旧事本紀』の記述に従うならば、『古語拾遺』に出てくる「玉」は神璽ではないと言えるだろう。

『古語拾遺』では藤原氏が朝廷の祭祀を独占していることへの不満を多く割いており、これが神璽の記述の軽視につながっているとみる向きもある。

というのは、当時神璽は蔵司《くらのつかさ》（女官で構成される後宮）が管理していて、藤原氏はその蔵司に大きな影響力を持っていたからである。

（ただ、後述するように、『古語拾遺』でも天の岩戸神話に神璽が登場するほか、天祖正哉《まさや》吾勝々《あかつかつ》速《はや》日《ひ》天押《あめのおし》穂《ほ》耳尊《みみのみこと》が、天照大神と素戔嗚尊の約誓によって神璽から生まれた、ともしており、神璽の神聖性については認めている）

しかしながらこの「元はといえば二種神器」説が斎部広成だけの主張かといえばそうでは

なく、『日本書紀』自体がそう証言している。

継体天皇元（五〇七）年二月の条、「大伴金村大連《おおとものかなむらのおおむらじ》、乃《すなわ》ち跪《ひざまず》きて天子の鏡剣の璽符《みしるし》を上りてまつる」

宣化《せんか》天皇（即位は五三六年）前記十二月の条、「群臣、奏して、剣鏡を武小広国押盾尊《たけおひろくにおしたてのみこと》に上りて、即天皇之位さしむ」

持統天皇四（六九〇）年正月の条、「忌部宿禰色夫知《すくねしこぶち》神璽の剣鏡を皇后に奉上り、皇后天皇の位に即く」

といった具合である。

いずれもレガリアが八咫鏡、草薙剣の二つだったらしいことが書かれている。

このほかの天皇の記録は例えば、

允恭《いんぎょう》天皇元年十二月の条、「是に、群臣、大きに喜びて、即日に、天皇の璽符《みしるし》を捧げて再拝し上む」

などと、単に「天皇の璽符」「天子の璽」などと書かれ、具体的な内容は書かれていない。

六国史《りっこくし》において神璽とされるものがレガリアとして登場する初見は、『日本書紀』『続日本紀《しょくにほんぎ》』の続編となる『日本後紀《にほんこうき》』の延暦二十五（八〇六）年三月に父帝桓武天皇が崩じた後、平城《へいぜい》天皇即位時の記事として書かれた、

「璽弁剣樻奉東宮（神璽並びに神剣が入った樻を、皇太子に奉った）」

という部分である（『古事記』には神器の継承について書かれた箇所はない）。

これは八〇六年のことで、『古語拾遺』編纂の前年であることを考えれば、これだけでも絶対的な権力を確立した藤原氏と、落日の名門斎部氏との最後のつばぜり合いが見えてくる。

神璽の格が上がって神器扱いになったことと、藤原氏の台頭は明らかにリンクしているとみるゆえんである。

藤原氏と神璽の関係は、第三章で詳しく論じようと思う。

海と神璽

古典における神璽の記録に戻ろう。

『日本書紀』や『風土記』には、神璽とも受け取れる記録がいくつか残されている。

『日本書紀』の仲哀《ちゅうあい》天皇二年秋七月に、

（神功）皇后《おほきさき》、豊浦津《とようらのつ》に泊りたまふ。是の日に皇后、如意珠《にょいのたま》を海中《わたのなか》に得たまふ。

神功皇后（四世紀末〜五世紀初めだろう）が下関豊浦で、如意宝珠を得たという記事である。特に神璽とか八尺瓊勾玉とは書かれていないものの、後で述べるようにこれは神璽だと考えられる。

『土佐国風土記』逸文にも似た記録がある。

吾川《あがわ》の郡《こほり》。玉嶋《たまのしま》。或説《あるつたへ》に曰《い》ふ。神功皇后の巡國《くにめぐり》したまひし時、御船泊《は》てて、皇后、嶋に下りたまひ磯際に休息したまひて、一の白き石を得たまひき。団《まろ》なること鶏卵《とりのこ》の如し。皇后、御掌《みて》に安《お》きたまふに光明四《ひかりよも》に出づ。皇后、大《いた》く喜びたまひ左右に詔して曰《の》りたまはく「こは海神《わたつみ》の賜へる白の真珠《またま》ぞ」とのりたまひき。故《かれ》、嶋の名とせり。

高知県の玉島の伝承として、〈神功皇后が船を泊め、磯辺で休息していたところ、鶏卵状で四方に光を放つ白い珠を手にしたという。皇后は大いに喜んで「これは海神が与えてくれた白い真珠だ」とおっしゃった〉というのである。

ほかに『日本書紀』垂仁天皇八十七年の条に「昔のこと」として、

丹波國桑田村に人あり。名を甕襲《みかそ》と曰ふ。即ち甕襲の家に犬あり。名を足往《あゆき》と曰ふ。是の犬、山獣《やまのしし》名は牟士那《むじな》といふを咋《く》ひて殺す。則ち獣の腹に八尺瓊勾玉あり。因《よ》りて献《たてまつ》る。今し石上神宮《いそのかみのかむみや》にあり。

〈京都府丹波の桑田村の甕襲という人が飼っていた足往という犬が、山にいる牟士那という怪物を食い殺したところ、その腹から八尺瓊勾玉が出てきた。それで朝廷に献上したといい、今石上神宮に安置されているものである〉

これは素戔嗚尊が八岐大蛇を退治した時に、天叢雲剣つまり後の草薙剣がその尾から出てきた、という神話にやや似ている。

同じく『日本書紀』十九代允恭天皇の折にも、淡路島の神が「赤石（兵庫県明石）の海の底に真珠があるから、それを取ってくるよう」天皇に求めたため、取れる人間を探した。

一の海人《あま》あり。男狭磯《おさし》と曰ふ。是、阿波国の長邑《ながのむら》の人なり。

諸の白水郎《あま》に勝れたり。是、腰に縄を繋けて海の底に入る。
やや暫くありて出でて曰さく、「海の底に大蝮《おおあわび》あり。其の処光れり」と曰す。
……亦入りて探く。ここに男狭磯、大蝮を抱きて泛《うか》び出たり
……実に真珠、腹の中に有り。其の大きさ、桃子の如し――

〈徳島県の長村に、抜きんでて優れた潜水能力を持つ男狭磯という海人がいた。彼が腰に縄をつけて海の底に潜り、海底に大アワビがあり、光っていると語った。もう一度潜ると、そのアワビを抱いたまま水死し、浮かんできた。アワビの中には桃の実くらいの巨大な真珠があった〉

『越後国風土記』逸文に「八坂丹《やさかに》とは玉の名なり。玉の色の青きを謂ふ。故、青八坂丹の玉と云ふ（前田家本『釈日本紀』巻六「貯之百机」条）」といい、神璽らしいものについて青い玉だ、あるいは青い玉のことを八坂丹という、と書いている。これは越後という場所柄、糸魚川の翡翠を彷彿させる記述といえるだろう。

一方、「八尺瓊勾玉」の「瓊」とは赤玉のことを言うから、「赤玉説」、「青玉説」さらに神

御　統（出雲大社「美保岐玉」を参考に筆者が作画）

功皇后の白い石とさまざまなバリエーションがあることがわかる。

また、『古事記』には八尺の勾璁の五百津の御須麻流の珠とも書かれていることも気になる。

なぜなら「珠」とは通常、翡翠や真珠といった水底で産出される「丸い玉」を指すからである。

これは「勾玉」と聞いて通常我々がイメージする形とは異なる。

一方で「御須麻流（御統）」とは通常、数珠つなぎになったネックレス状の宝飾品を指すから、ますます実像がわからなくなる。

しかしそれは、後述する慈円の記録からも明らかになるのだ。

言うまでもなくこれら古典の記録の一部、あるいはすべてが神璽かどうかを断定する材料はないものの、後で述べるように少なくとも一部は「それ」だと考えられるのである。

これらがすべて神璽のことを語っているのかはともかくこれらの伝承を見ていると、ほぼある共通点に気が付くと思う。

丹後の牟士那伝承を除いて、ことごとく海や水に深く関わっているのである。

允恭天皇の伝承では、天皇に真珠を献上したのが海人だったとあるが、すぐ後に述べるように、神功皇后に珠を献じたのも海人であった。

第二章で述べる山幸彦《やまさちひこ》神話に登場する潮満珠《しおみつたま》、潮干珠《しおひるたま》についてもやはり神璽の別名だと考えられるが、やはり海と、海の民である「海人族《あまぞく》」が深く関わっている。

中世においても、神璽は常に海との関わりの中で論じられてきた。

十四世紀の「八幡菩薩（真福寺蔵）」には、

「神璽箱者《しんじのはこは》、彼の帝ノ龍宮の宝珠也。……世間ニハ龍宮の珠ヲ以テ神璽ト云フ」

（『真福寺善本叢刊　中世日本紀集』臨川書店・二〇〇〇年より）

とあり、龍宮の海神（やはり海人族との関わりが強い神）から得た潮満珠・潮干珠と異名同体という前提で語られている。

神璽の実像は海人族と大きく関わっているとみて間違いない。

また、こちらは第三章で述べるのだが、八世紀の藤原氏と神璽をめぐる攻防においては、やはり海人族が主役になってくる。

神璽のことを調べれば調べるほど、どうしても海と海人族抜きでは語れないことに気づくのである。

三種神器と海人族

ところで、神璽に限らず、筆者はいわゆる「三種神器」はすべて、海人族が奉斎してきたのではないかと考えている。

というのも、草薙剣を奉じる熱田神宮では「海人族の祖」天火《あめのほ》明命《あかりのみこと》を始祖とする丹後の海部《あまべ》氏と同族である、尾張氏が代々世襲で大宮司を務めていた（平安期に藤原氏に地位を譲与）。伊勢神宮も、内宮こそ藤原氏と同族という荒木田氏が祭主《まつりのつかさ》（伊勢神宮のみに存在する神官の長）だが、外宮の祭主はやはり海人族の磯部《いそべ》氏（奈良時代に度会《わたらい》氏に改称）であった。伊勢神宮については、元々外宮こそが主たる神宮で、内宮は後からできた、または外宮に従属していたのではないかとの説も近年唱えられている。哲学者の故梅原猛氏は、七世紀後半の天武期までは伊勢神宮とは外宮のことで、内宮は持統・文武の時代（七世紀末～八世紀前半）になってからできたのではないかという説を述べている。

現代でも伊勢神宮では「外宮先拝」と言って、内宮より先に外宮を参拝する習わしがあり、祭りごともやはり「外宮先祭」であるが、これはその名残かもしれない。

あるいは、外宮と内宮が入れ替えられた可能性もありうるかもしれない。

いずれにしても七～八世紀に台頭して朝廷を牛耳るほどの権力を持った藤原系を別とすれば、伊勢神宮や熱田神宮は海人族が守ってきたものといえるだろう。

とすればもう一つの神器である神璽も、もとは海人族が奉斎していたのではないかと考えるのもごく自然だと思う。

そもそも海人族とは海運に長けた、海辺に住む一団のことで、名称自体は十五代応神《おうじん》天皇の五年（五世紀初めだろう）に正式に海人部《あまべ》を定めたという記事に見られる。

簡単に言えば海産物を朝廷に献じる部民である。

またまともな通信手段などなかった時代に、日本全国の海人族は連絡を取り合っていたともいわれる。

彼ら海人族は丹後、筑紫、尾張、播磨などに分散して生活していたにもかかわらず、常に最新の中央政府の情報を把握しているとしか思えない行動を起こしていることが度々ある。

輸送に優れた人々だったため、情報も伝わりやすかったのだろうか。

ただ、海人族に関しては詳しいことはわかってはいない。

先に述べたように、伊勢神宮外宮や熱田神宮の他、住吉大社（津守《つもり》氏）や宗像《むなかた》大社（宗像氏）、元伊勢籠《この》神社（海部氏）、廣田《ひろた》神社（伝承によれば初期は海部氏）といった日本の主要な神社が海人族によって運営されていたことを考えると、彼らはむしろ日本文化を体現する純日本人だったというべきであり、人種が異なる異民族といったカテゴリーには属さないのだろう。

沖縄開闢《かいびゃく》の神とされるアマミキヨも、筑紫にいた海人族だろうとする説が有力である。

事実として、古代天皇家と海人族は極めて親和性が高く、応神天皇が海人部を定める以前から、多くの妃を海人族から迎えているのだ。

『古事記』によれば、

五代孝昭《こうしょう》天皇の后は尾張連《おわりのむらじ》（先述の熱田宮司家と同族）の祖、奥津余曾《おきつよそ》の妹、余曾多本毘売命《よそたほびめのみこと》（『古事記』）であった。

八代孝元《こうげん》天皇の后は、穂積臣《ほづみのおみ》等（物部系であると同時に、海人族である磯部氏と同族）である、内《うつ》色許売命《しこめのみこと》、妃（側室）に尾張連の葛城之高千那毘《かつらぎのたかちなび》売《め》がいる。

アマミキヨの墓（沖縄県浜比嘉島、筆者撮影）

十代崇神天皇の妃に、やはり尾張連の祖、意富阿麻比売《おほあまひめ》（大海姫）がいる。

十代以前の天皇に絞って、確実に海人族といえる后妃だけでもこれだけいるのである。他にも特定できないだけで、実際にはもっと多くの海人族が血縁にいるはずだ。

このほか、例えば聖徳太子は少年時代、皇位継承の争いから逃れるためとみられるが、母の間人皇后《はしひとのひめみこ》とともに海人族の拠点である丹後の間人《たいざ》に避難していたという伝承がある。

天武天皇は名を大海人というが、これも乳母が海人族だった証拠だろう。

さらに言えば、神功皇后は名を息長帯比売命《おきながたらしひめのみこと》というが、これは今も伊勢などにいて、「磯笛」と呼ばれる呼吸法で、長く潜れる海女さんの特徴をそのまま表現した名である。

海人族に関してもう一つ見逃せないのは、伊勢神宮も熱田神宮も海人族が奉斎し、運営していたにもかかわらず、彼らはその神器を私物とは主張していない点である。

常識的には百年千年と管理していれば、もうご神体は神社を管理する我々のものだと主張してもおかしくはない。

しかし、そういったことは現代にいたるまで一度たりとも聞いたことがない。

この海人族の持つ特徴であるいわば尊皇精神、神器は本来天皇のものである、という信念は現代の神宮・大社にも受け継がれている。

彼ら海人族は、これらの神器の真の〝所有者〟は天皇であると、時代を超えて認めているのである。

この事実も日本では当たり前すぎて思わず見逃してしまうが、世界史ではまずあり得ない注目すべき現象である。

これはまるで海人族＝天皇の名代として神器を管理する役割を担っていた一族、というようなものである。

元はといえば十代崇神天皇の折に祟《たた》りを畏れて外に出されたという神器を、責任をもって預かるというくらい、歴代天皇は海人族を信用していたことにもなるだろう。

これらの事実は天皇家と海人族の親和性というよりは、ほとんど不可分の同族を思わせるものがある。

海人族の祖と十種神宝

さて、その海人族であるが、丹後一宮の「元伊勢籠神社」に残る「海部氏系図（平安初期、国宝）」、『旧事本紀』、「尾張氏系図」などによれば、始祖は天火明命なる名の神である。天火明命は正しくは天照国照彦天《あまてるくにてるひこあめの》火《ほ》明櫛玉《あかりくしたま》饒速日尊《にぎはやひのみこと》といい、物部氏の始祖と全く同神なのである。

饒速日尊は『日本書紀』の、神武天皇の条に登場する謎の神である。

神武天皇が建国しようと大和入りすると、饒速日尊という神がすでに降臨していると聞いたという。

「『東に美地《ひむかしうましくに》有り。青山四周《よもめぐ》れり。其の中に亦、天磐船《あまのいはふね》に乗りて飛び降《くだ》る者有り』とまをしき。余謂《われおも》ふに、彼《か》の地《くに》は必ず大業《あまつひつぎ》を恢《ひろ》め弘《の》べ、天下《あめがした》に光宅《みちを》るに足りぬべし。蓋《けだ》し六合《くに》の中心《もなか》か。厥《そ》の飛び降る者とは謂《おも》ふに是饒速日か」

〈（今いる九州から）東に行けば美しい国があるという。青山が四方に巡っている。その国に、天磐舟に乗って飛び降った者がいるという。

私が思うに、その国は大業を成功させるのにふさわしく、天下に光を満たすのにふさわしい。きっと国家の中心だろう。その飛び降った者とは、思うに饒速日という者だろう〉

といい、大和に向かうもそこで大和の豪族長髄彦《ながすねひこ》の反撃に合う。長髄彦はその饒速日尊を天神の子として崇《あが》めているといい、その証拠として天羽羽矢《あまのははや》と歩靫《かちゆき》（矢を入れる容器）を示すと、神武天皇は「まことなりけり（本当だ）」と言ったという。

つまり、神武天皇は饒速日尊を自分より早く大和入りして、しかもどうやら大和の君主になる条件である「天神の子」であることも認めているのである。

しかし結局長髄彦は殺され、なぜか饒速日尊は神武天皇に帰順して物部氏の祖になったと書かれている。そして『旧事本紀』によれば饒速日尊と御炊屋姫《みかしきやひめ》（長髄彦の妹）の子、宇摩《うま》志麻遅《しまぢ》命が「十種神宝」を神武天皇に奉ったという。

このあたりの経緯はなんだか訳がわからない。一応、饒速日尊が「天神の慇懃《ねもころ》に唯天孫《ただあめみま》のみに是与《これくみ》したまふといふことを知れり」、つまり天上の神が天孫（神武天皇の事だろう）にのみ味方する、ということを知っていたから帰順した——と説明しているが、肝心の「同じ天神の子なのに、なぜ神武天皇だけが天孫で饒速日尊はそうではないのか」が書かれていない。しかも、『旧事本紀』の巻五「天孫本紀」には饒速日尊を「故、天孫《あめみま》と謂ふ。亦皇孫《すめみま》と稱《まを》す」とも書かれているのだ。

ここでは饒速日尊こそが天上の神が味方する「天孫」だと明記している。また、「皇孫」というのは言うまでもなく天皇の末裔、皇位継承権を持つ者にのみ用いられる特別な血筋の者に対する表現である。

巻三「天神本紀」ではこうある。

「天照大神詔して曰く『豊葦原之千秋長五百秋長之瑞穂國《とよあしはらのちあきながいほあきながのみづほのくに》（日本）は吾御子正哉吾勝々速日《まさやあかつかつはやひ》天押穂耳尊《あめのおしほみみのみこと》の知《しら》す可《べ》き國なり』と言寄《ことよ》し詔賜《のりたまひ》て、天降《あまくだし》たまふ。

時に、高皇産靈尊《たかみむすびのみこと》の兒思兼神《みこおもひかねのかみ》の妹萬幡豊秋津師姫栲幡千千姫命《いもよろづはたとよあきつしひめたくはたちちひめのみこと》を妃《みめ》と爲して、天照國照彦天火明櫛玉饒速日尊を誕生《あれま》す。

時に正哉吾勝々速日天押穂耳尊奏《まう》して曰《まを》さく『僕将《あれまさ》に降《あまくだ》らむと欲《おも》ひ装束《よそふ》間《ま》に所生《あれませ》る兒《みこ》あり。此を以て降《あまくだす》可《べ》し』とのたまふ。詔して之を許したまふ。

天神御祖《あまつかみのみおや》詔て天璽瑞寶《あまつしるしみずのたから》十種《とくさ》を授《さづく》る……」

〈天照大神は、自分の子である正哉吾勝々速日天押穂耳尊に日本を統治させようとして降臨させた。その時、高皇産霊尊の子で思兼神の妹に当たる万幡豊秋津師姫栲幡千々姫命を妻としていて天照國照彦天火明櫛玉饒速日尊がお生まれになった。

それで正哉吾勝々速日天押穂耳尊は天照大神に奏上するには、「私が降臨しようと思っている間に子供が生まれました。この子に降臨させるべきであります」と。

天照大神はこれをお許しになり、この饒速日尊に天から与えられた日本統治のしるしである十種神宝《とくさのかんだから》をお授けになった……〉

つまり天照大神から日本の君主の地位を与えられたのは饒速日尊であり、この神とその末裔にこそ日本の統治権があると明記している。

そしてその日本の君主の証が天照大神自ら授けたという十種神宝だと主張しているわけだ。

これでは本来皇位継承権を持っているのは饒速日尊だったが、それをそのレガリアである十種神宝もろとも神武天皇が奪ってしまったように見える。

もっとも『旧事本紀』も『日本書紀』も八世紀以降に完成したものであり、その時々の編纂者や権力者の思惑が入り込み、微妙に伝承と食い違ってきた可能性が高いと思われる。

この件については思うところがあるのだが、ここではこれ以上追求せず、一旦『日本書紀』の記述通り「饒速日尊は最終的に天つ璽（つまり十種神宝）を神武天皇へ献上した。その結果、これ以降は十種神宝は神武天皇のものとなり、神武天皇の後裔である天皇家のものとなった」という前提で筆を進める。

この部分は途方もなく重要だが、最終章でこの巨大な問題について簡単に触れることとする。

なお、『旧事本紀』によれば十種神宝とは、沖津鏡《おきつかがみ》、辺津鏡《へつかがみ》、八握剣《やつかのつるぎ》、生玉《いくたま》、足《たる》

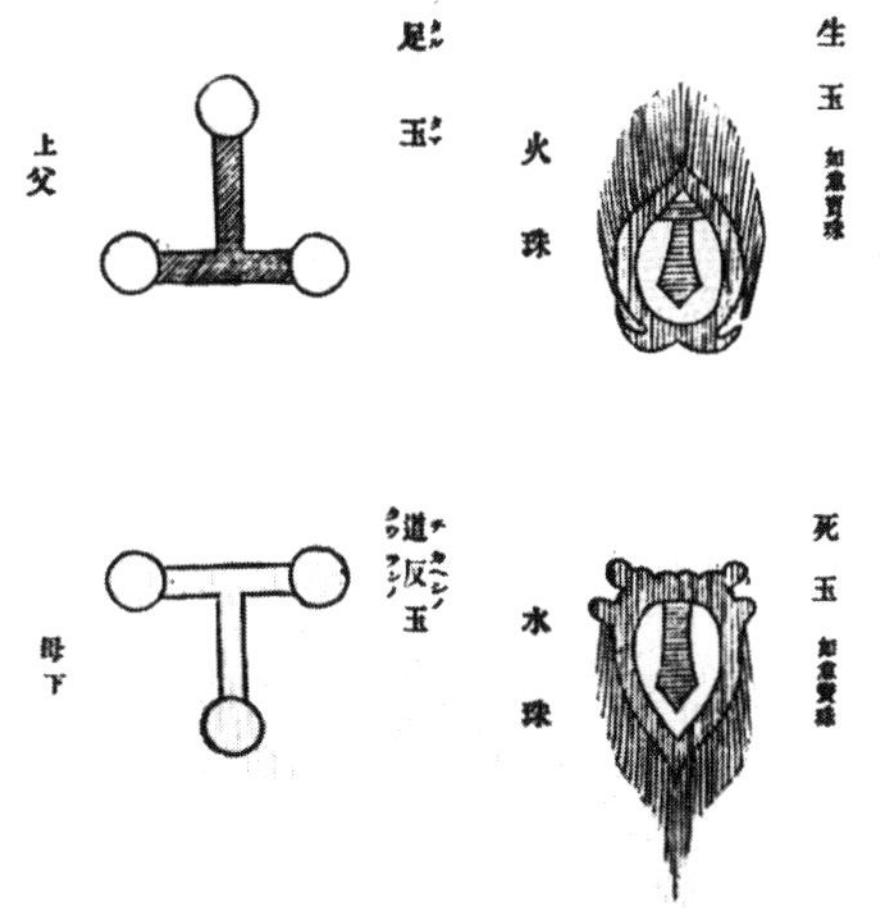

空海が天長２（825）年、感得したとされる十種神宝のうち、生玉、死（反）玉、足玉、道反玉の図（『弘法大師全集』吉川弘文館、明治44〈1911〉年より）

玉《たま》、道反玉《ちがえしのたま》、死反玉《まかるがえしのたま》、蜂比礼《はちのひれ》、蛇比礼《へびのひれ》、品物比礼《くさぐさもののひれ》

の十種の神宝で、

若《も》し痛む處《ところ》あらば、茲《こ》の十寶《とくさのたから》を令《し》て、
一《ひと》、二《ふた》、三《み》、四《よ》、五《いつ》、六《む》、七《なな》、八《や》、九《ここの》、十《たり》
と謂《いひ》て布瑠部《ふるべ》。由良由良止《ゆらゆらと》布瑠部。
如此《かく》爲《な》せば、死《まか》れる人は反《かへ》りて生きなむ

（『旧事本紀』）


といい、人間を死から蘇《よみがえ》らせる力などを持つという、魔法の秘宝とされている。

しかし、実物はまったくわかっていない。奈良県の石上神宮や京都の伏見稲荷大社をはじめ、各地に伝承はあるが、実物はおろかその容器を確認したという記録さえない。行方不明の、幻の宝なのである。

なお、「比礼」は通常、古代女性が両肩にかけていた布状のショールを表す言葉であり、魚のヒレも語源は同じだろう。

要するにヒラヒラした「揺らす」もののことであろうが、ここではその実体そのものが不明である。

先に述べたように、三種神器の内、八咫鏡を祀る伊勢神宮や、草薙剣を祀る熱田神宮は、古代では常に海人族が奉斎してきた。

そして十種神宝は、その海人族の祖である饒速日尊が所持していた〝皇位継承者が所持すべき天の宝のレガリア〟で、『旧事本紀』にはそれが神武天皇に譲渡された、と書いているわけだ。

そうなると、もともと十種神宝が神から与えられた皇位継承のレガリアというのであれば、現在に続く皇位継承のレガリアの三種神器が、実は十種神宝と異名同宝ではないかという仮説が成り立つのは言うまでもない。

三種神器が十種神宝と同体——少なくとも十種神宝の一部——だとすれば、神璽が「玉」であること、そして先述のように、神璽は海人族と不可分な存在であり、十種神宝はその海人族の祖である饒速日尊の持ちものである以上、その正体が十種神宝のうちの「玉」、つまり生玉、足玉、道反玉、死反玉の四つの可能性を考えたくなる。

辞書で「生玉」を引くと、「持つ人を長生きさせるという玉」とある。死反玉は文字通り死者をあの世から蘇らせる玉、という意味だろう。

また一説に足玉は肉体を充足させる、つまり健康な状態にするもので、道反玉は迷える霊魂を正しく導くものだともいう。

つまり人の生死や健康を完全にコントロールできる玉だというのだ。

ただ、これらは十種神宝の持つ力の一つに過ぎず、実際には「如意宝珠」や「打ち出の小槌」のように〝どんな願い事でも叶えてくれる魔法の玉〟、と考えられていたのではないかと思う。

というのも、神璽は第二章で述べるように山幸彦の潮満珠潮干珠とも同一視されており、これらは自在に大波を起こすなど、海の干満を制御できる力を持っている、とされたからである。

また後述のように神功皇后はこの十種神宝と考えられる玉を得て三韓征伐（四世紀に朝鮮半島南部の覇権をめぐって高句麗と争い、日本が勝利した外征）に成功したという伝承もあるからである。

もっともこれだけで一足飛びに十種神宝の四つの玉＝神璽だと言い切るには弱い。

十代崇神天皇の五年、国内に疫病が発生し、死者が人口の過半数に及ぶほどになった。

このようなことから、「神の威《いきお》いを畏れ」、つまり恐らく倭迹々姫《やまとととひめ》命による三輪の大物主神の神託を聞いたのであろう、神の祟りから逃れるよう、元々天皇の大殿の内に祭っていた天照大神と倭大国魂《やまとのおおくにたま》二神を娘の豊鍬入姫《とよすきいりひめ》命に託し、外に出したという。

この説話は『古語拾遺』に詳しく、

> 漸《やうや》く神威を畏れ、殿を同じくすは安からず。故に齋部氏に令して石凝姥神《いしごりどめのかみ》の裔《すゑ》と天目一《あめのまひとつ》箇神《めのかみ》の裔の二氏を率ひて、鏡を鑄し劔を造らしむ。以って御璽《みしるし》を護らしむ。是、今、践祚の日、神璽の鏡劔を獻じる所なり。仍ち倭笠縫邑《やまとかさぬいのむら》に就《ゆ》きて、殊《こと》に磯城《しき》の神籬《ひもろぎ》を立ち、天照大神の草薙劔を遷し奉つる

とある。

つまり、崇神天皇は本体の鏡剣を外に出したものの、これを模した複製を作って、それを

新たに御璽つまり皇位のレガリアとした、とあるわけだ。

このことは今に続く伊勢神宮と熱田神宮の本体、そして皇居にある複製の神器の存在を説明している重要な記録である。

ちなみに皇居にある複製の鏡(正しくは本体から霊的力を分けられた『形代』と言うべきだろう)は長暦四(一〇四〇)年、内裏の火災で焼け、剣は壇ノ浦の戦いで海に沈み、いずれも現在は「二代目の形代」になっているという。

『古語拾遺』の問題点は、ここに神璽が登場してこないことである。

著者斎部広成はこの著で藤原氏の台頭に不満を抱いていることを訴えているのだが、藤原氏の力の源泉が神璽にあること(第三章で詳述)を思えば、神璽について語る気になれなかったのかもしれない事は先に述べた。

但し一方で、『古語拾遺』では神武天皇即位時の大嘗祭について、以下のようにも書いている。

天富命《あまのとみのみこと》は諸の齋部を率ひて天璽鏡劔を捧持し、正殿に奉安し幷びに瓊玉を懸けしめ、其の幣物殿の祭の祝詞を陳ぶ。

〈天富命は忌部氏諸氏を率いて天のしるしである二種神器の鏡と剣を奉じて正殿に安置し、瓊玉を懸けて、幣帛《へいはく》を捧げて祝詞を奏上する〉

ここでは八尺瓊勾玉を思わせる「瓊玉」が登場し、八咫鏡、草薙剣とともにほぼレガリアとして扱われている描写も存在する。

これを見る限り、『古語拾遺』とてやはり神璽を神代に起源を持つ神聖な秘宝であること自体は認めていたと考えられる。

いずれにしても一旦ここではこの崇神天皇が鏡・剣の「形代を作成した」という記録のみを覚えていただき、別の記録から、外堀を埋めるように真実にアプローチしていくこととしよう。

壇ノ浦の戦い（「安徳天皇縁起絵」赤間神宮所蔵）

神璽目撃談

元暦二（一一八五）年三月、長く続いた源平の最後の決戦が壇ノ浦で行われた。

平家の敗北が決定的になると、平時子《たいらのときこ》は神剣を腰に差し、神璽を抱えて幼帝安徳天皇と共に入水し、ここに平家は滅亡し、鎌倉時代の幕開けとなった。

その後のことが『平家物語』にはこうある。

同月廿五日、内侍所《ないしどころ》、璽《しるし》の御箱《おんはこ》、鳥羽につかせ給ふときこえしかば、内裏より御むかへに参らせ給ふ人々（略）、其の夜の子剋《ねのこく》に、内侍所、璽の御箱、太政官《だいじやうぐわん》の庁《ちやう》へいらせ給ふ。

宝剣はうせにけり。神璽は海上にうかびたりけるを、片岡太郎経春《かたをかのたらうつねはる》がとりあげ奉ッたりけるとぞきこえし。

〈同月の二十五日、八咫鏡（筆者注：一代目の形代はすでに平安時代に火事で焼けていたため、その破片と二代目の形代が入った箱）、神璽が入った箱が京都南部の鳥羽にお着きになると知らせがあったので、皇居から様々な人がお迎えに出かけた。

その夜の午前零時頃に八咫鏡と神璽の箱が太政官の政庁にお入りになった。

草薙剣（注：一つ目の形代のこと。本体は熱田神宮にある）はなくなってしまった。

神璽は海上に浮かんでいたのを、片岡太郎経春なる武士が取り上げ申した、との話であった。〉

この神剣が失われたという事件は平家滅亡とともに、当時の人々の間で衝撃的な事件として語り継がれたらしく、下関には片岡経春を祀る神社もあるらしい。

先述の慈円はこの時代の人物だ。

彼も衝撃を受け、このことを有名な『愚管抄《ぐかんしょう》』に書き、神剣が失われたことを源頼朝の台頭と結び付け、武力に関しては今後、〝大将軍に任ぜられた〟という神意の表れであり、武者《むさ》（武士）の世になったことを暗示している、との解釈を行っている（当時慈円を含めた多くの貴族たちは、神璽を印鑑だと思っていたように、皇居の鏡剣が崇神天皇の折に作られた形代だということも知らなかったと考えられる)。
ちなみにその後、一時的に御所に草薙剣が安置されないままだったが、最終的には承元四(一二一〇)年、伊勢神宮の神倉《ほくら》にある剣(おそらく式年遷宮の折に神宝として奉納された太刀か)を草薙剣とするよう「夢告」があり、今日までこれが二代目の形代として使われているという。

これだけだと神璽に関する何らの新しい情報も得られないのだが、京都大学の赤松俊秀という学者が戦前、京都にある青蓮院《しょうれんいん》の吉水蔵《きっすいぞう》聖教《しょうぎょう》(歴代門跡が受け継いで拡充してきた蔵にある文書類)を調査したところ、存在は知られていたが現物がわからないままだった慈円著の『夢想記』という短編の考察文の原文を発見した(発表は戦後)。

これによれば、実はこの時『平家物語』で「波間に浮かぶ神璽を取り上げた人物」だとされる片岡経春は、神璽の箱が何かわからないまま蓋を開けてしまったという。

そしてそれを内侍(この場合は後宮にいた女官を指す)が目撃していたというのである。

合戦之時、天皇外祖母六波羅《ろくはら》二位《にい》懐《ふところ》に之を奉じ、海底に入り了《おは》んぬ。
此時内侍所《ないしどころ》大納言時忠之を取りて奉り安穏《あんのん》に上洛せしも、寶劍は遂に海底に没し了んぬ。

箱の中を、女官は目撃していた

永く失れ了んぬ。
又神璽箱ハ海上之間を浮び、武士何物か知ず恣《ほしいまま》に之を見開くと云々。
其の時尹明《ただあき》法師の内侍の間の女子、粗く之を伺い見る。
二懸子《かけご》也、上下に各《おのおの》珠玉四果入り、都合玉八果之在り云々。粗く傳聞を記す……
（赤松俊秀『鎌倉仏教の研究』平樂寺書店、
昭和三十二〈一九五七〉年、原文は漢文）

〈壇ノ浦の合戦の折、安徳天皇の母方の祖母である六波羅二位（平時子）がふところに神器を奉じて入水してしまった。

この時内侍所（形代の八咫鏡）は大納言の平時忠が取り上げて無事京都に戻ったが、草薙剣（これも形代のこと）は海底に沈み永遠に失われてしまった。

　また、神璽の入った箱は波間を漂っていたところを武士（片岡経春）が知らずに取り上げ、勝手に開けて中を見てしまったという。

　その時、藤原尹明法師の娘で内侍（朝廷の女官）として勤めている者が、これをちらっと見たという。

　彼女の証言によれば、箱は二段の懸子状になっていて上下にそれぞれ四つの丸い玉が入っており、都合八つあった、などという。ざっとそのような伝聞であった――〉

神璽は二段の懸子に四つずつ入っていた

　なんと神璽は一つや二つではなく、二段の懸子（重箱のようなもの）に四つずつ、計八つもの丸い玉が入っていたというのである（丸いというのは「珠」という表示と、通常果物を数える単位である助数詞「果」の使用からそう判断した)。

こうなると神璽の正体が何なのか訳が分からなくなる。

だがこのことは、当時第一級の文化人だった慈円(ちなみに彼は親鸞の師でもある)にもたらされた情報だから、このニュースは信用してよい。

『古事記』では八尺の勾璁の五百津の御須麻流の珠とあり、数珠つなぎの丸い玉とも思えるが、証言を見る限りそうではなく、恐らくは四つずつが箱の四方に独立して置かれており、それが二段になっているように取れる。

神璽はいわゆる「勾玉」形状ではなく、かといって御統(ネックレス)状でもない。

もちろん印鑑などではなかったのである。

十三世紀に順徳天皇が著述した『禁秘御抄《きんぴみしょう》』によれば、神璽の箱は「決して傾けてはならない」と書かれている。

この記録も、神璽の形状がいわゆる「勾玉」ではなく、転がりやすい不安定な球状だという慈円の記録と極めて整合していることになる。

だが八つあるというのは一体どういうことだろう。

先述したように「十種神宝」の玉は計四つである。

神璽、驚愕の正体

だが、重大な答えが別の書物から見つかった。

『旧事本紀白川本』なる書物がある。先の『先代旧事本紀』をもとに、宮中の白川家（花山天皇の後胤で神祇官）に伝わっていたものだという。

江戸時代に突如出現した『先代旧事本紀大成経（延宝版大成経）』と同じ出自を持つ内容で、これらは一般的には江戸時代以来、偽書と決めつけられている。

しかしながら例えば十七世紀「垂加神道」を大成させた山崎闇斎《あんさい》はこの大成経を高く評価するなど、単純に眉唾物ともいえない「よくできた」代物でもあった。

偽書とすれば本文は余程な知識人でないと到底書けるものでもないし、なにより本文は莫《ばく》大《だい》な分量なのである。

その知識人が恐ろしい時間を浪費して根も葉もない出鱈目《でたらめ》を延々と描き続けたことになる。果たしてそんなことがありうるのだろうか。

そもそもこれらの書物の「元」とされる書物である『先代旧事本紀』だが、これ自体がやはり江戸時代以来偽書だとされている。

もっとも偽書とされていると言っても、神道学者の鎌田純一によれば、延喜四（九〇四）年の日本紀講筵《にほんぎこうえん》（天皇や皇族らが受ける日本史教育）の際、すでに『古事記』と『先代旧事本紀』のどちらが古いのか、という話題が出ているといい、平安時代前期には宮中行事で確かに利用されていた、由緒正しい書物なのである。

にもかかわらず偽書とされる根拠は、つまるところ序文にある。

この書は聖徳太子と蘇我馬子が編纂して、聖徳太子が亡くなった後に推古天皇が伊勢神宮、大神《おおみわ》神社、四天王寺に納めたとある。

しかしながら、太子より二百年もあとにできた『古語拾遺』（八〇七年成立）と全く同じ文章が見られること（先述の「矛玉は自から従えり」といった文章もそうだ）など、まことに不自然な部分があるのは確かだ。

『日本書紀』からの引用を疑う文章もある。

ただ、あえて偽書ではない可能性があるとすれば、元々古い『旧事本紀』の元になった書物があり、これに日本書記などを参考にして長期間、校正や追加が繰り返された結果現代知られる文章となり、その結果時代が錯綜したように見えるだけなのかもしれない。

また、そもそも『古語拾遺』や『日本書紀』の側が、より古い『先代旧事本紀』を引用したと取れなくもない。

そして、今日では「序文だけが後世に付け足されたために偽書とされるようになった」だけで、内容自体はおかしくはない、という意見も多い。


さて、ここでいう『先代旧事本紀大成経』については延宝七（一六七九）年の焚書の際、編者、作成者とされる伊雑宮《いぞうぐう》（志摩国一宮）の神官、永野采女《ながのうねめ》、僧の潮音《ちょうおん》らが処罰された。

これは元の『先代旧事本紀』が偽書だとされていたことや、伊雑宮が伊勢神宮の外宮・内宮と並んで三宮で成り立っていること、特に伊雑宮こそが本来天照大神を祀る神社だとしていることなどが原因とされている。

つまり、彼らは根も葉もないウソの書物を想像力だけで作り出したと幕府に断じられたわけだ。

だが、国学者の永野采女や潮音は当時第一級のインテリであり、特に潮音など徳川綱吉の帰依を受けていた人物である（それゆえ、潮音の処罰は比較的軽く、しかも彼はその後も『先代旧事本紀大成経』が真書であることを訴え続けたという）。

そんな彼らが、わざわざ今まで積み重ねたキャリアをすべて投げ出すような愚を犯すのか、という疑問は当然ある。

『旧事大成経に関する研究』（河野省三著、昭和二十七年　藝苑社）によれば、江戸時代に編纂された「長野（永野）采女伝（上州箕輪城主 文化頃写）」には、

「（長野采女）先生世々物部之家伝、承グ…其書七十余巻有、密授ノ書若干巻。…先生少カリシ時、東叡ニ於テ慈眼大師ニ謁シ、一心三観之旨ヲ扣キ、久シク止観ヲ修ム」

などとあるという。つまり、

〈永野采女の家では代々「物部之家伝七十巻以上、密授ノ書数巻」が伝授されている。采女は若いころ、寛永寺において慈眼大師天海に師事し、天台宗の観念法である一心三観を尋ね、長期間天台密教を学んだ〉

と書かれており、采女の家では膨大な物部氏の秘伝が代々大切に伝えられてきたというのである。

ここから推察するのだが、この書物の文章自体は、永野采女や潮音が作り、編纂をしたのは間違いはない。

ただ、これらは根も葉もない空想で作られたわけではなく、彼らがその情報網や交友関係を伝って調べ上げた知られざる古典や、あるいは永野采女の家に伝わっていたという物部之家伝の内容を多分に含んでいるのではないか、と思うのである。

でなければ七十二巻もの莫大な歴史書を想像だけで書けるわけがない。

ただもちろん、彼らの知識の中でストーリーが成立するよう都合のいいように取捨選択したであろうし、もしかすると想像で書き加えた部分もあるだろう。

しかし、だからと言ってすべてを偽物と決めつけるのも間違っているのではないだろうか。

そこには、記紀が書き残さなかった重大な史実が残されていると見た方が妥当である。

ここでは、比較的読み下しやすい白川本第十巻、天皇本紀の崇神天皇の条を見てみよう。


於是。使天石凝姥命之裔。奥土足命。模天來八咫神鏡。以造新鏡。

使天目一个之裔。國振立足命。模天來十握神劍以造新劍。

使天櫛明玉命之裔。走男別命。造八坂瓊。以合本珠。其ノ文色相同。

而雖神区分況於人乎。乃以爲天皇傳國護身之寶。

即是歴代践祚日。所受神璽鏡劍也。


〈（崇神天皇が神器を外に出すことを決断した後）ここに於いて、（八咫鏡を作った）天石凝姥命《あめのいしごりどめ》の末裔である奥土足命《おくつちたり》を使い、神代より伝わる八咫鏡を模して新鏡を作らせた。

（草薙剣を作った）天目《あめのま》一个《ひとつめのかみ》の末裔の国振立足命《くにふるたちたり》を使い、神代より伝わる十握神剣《とつかのかみのつるぎ》（草薙剣のことだろう）を模して新剣を作らせた。

（八尺瓊勾玉を作った）天櫛明玉命《あめのくしあかるたま》の末裔である走男別命《はしりをわけ》には八尺瓊を作らせ、これを本体の珠と合わせた。

その外観が全く同じで、神といえども区別がつきがたい。況《いはん》や人において乎《を》や（まして人にはわからない）という状態だったからである。

これらがすなわち、天皇が代々伝える国家を守る宝であり、また歴代天皇践祚《せんそ》の折に伝授される神璽、鏡、剣である。〉

ほかの古文書には一切出てこない、崇神天皇が形代としての鏡剣を作らせた人々の名が「奥土足命」と「国振立足命」だと記録されている。

この摩訶不思議な情報があるだけでも、一概に切り捨てるわけにはいかない。

また、八尺瓊勾玉を「珠」と表現している点も慈円の記録との一致をみており見逃せない。

そして何より衝撃的なのは、八尺瓊勾玉はやはり天櫛明玉命の末裔である走男別命に作らせた、と耳慣れぬ名前を出した後、あまりに出来が良すぎたのか、本体と区別がつかなかったために「本体の珠と合わせた」とある点である。

神璽が十種神宝の生玉、足玉、道反玉、死反玉の四つの「願い事を叶える魔法の玉」だとすれば、形代と合わせれば合計八つ、懸子の中へより重要な本体を下に、形代を上に保管しているとすれば、完全に一致するではないか。

念のため『先代旧事本紀大成経』の同じ箇所も挙げておくが、やはりほぼ同じ文章が書かれている。

命天櫛明珠命兒豊巧執命、此神兒見穂代命、此神兒明饒彦命、此命子走男別命。神造造之、造八坂瓊。而押合本珠、文色悉相遷。此珠不差本珠、比礴時紛不分、人不知其耶。雖問神不答。是造神璽――。

やはり走男別命に八尺瓊勾玉を新たに作らせ、元々の本珠と合体させた、と読める。

白川本や大成経をそれぞれ読むだけでは、果たしてこれらの記録を正当なものとして認めてよいものかどうかの判断は非常に難しい。

しかしながら時系列をまとめてみると、

●『先代旧事本紀』は遅くとも平安時代のはじめ、確かに宮中での歴史授業で使われており、ここに「不思議な力を持つ十種神宝の中に、四つの玉がある」と書いてあった。

●十七世紀、焚書にあった『大成経』『白川本』に、三種神器の形代が作られた際、鏡や剣とは違い、神璽だけは本体と形代を同じ容器に納めた、と書いている。

●十二世紀、壇ノ浦で武士と女官が見た神璽箱の中には、上下二層に分かれた四つずつの珠、合計八つが収められていたと慈円が記録していたが、それは二十世紀に発見されるまで日の目を見なかった資料である。

つまり、永野采女や潮音は璽筥（神璽の箱）に〝上下二層に分け、四つずつ玉が入っている〟ことは知らぬまま「八尺瓊勾玉は本体と形代を同じ容器に納めた」と書いていたわけだ。

八つもの玉の数、それも四つずつが二段になっていることが整合することなど、偶然にしてはでき過ぎている。

以上から筆者はここに、神璽の正体を「十種神宝の四つの玉の〝本体〟及び、崇神期に作られた〝形代〟の四つの玉、合計八つの丸い玉だ」と推理するのである。

神功皇后と神璽

ここからは、なるべく古い時代から順に「神璽の動き」を確認しようと思う。

先述したように、四世紀末頃に実在していたと考えられる神功皇后には、『日本書紀』と『風土記』に神璽伝承らしい出来事が残されている。

『土佐国風土記』逸文には、高知県の玉島（今もこの名称で存在）の磯際で休んでいたところ、鶏卵に似て四方に光を放つ白い珠を得て、「こは海神の賜へる白の真珠ぞ（これは海神がくれた白い真珠だ）」と喜んだという。

ただ休んでいただけで真珠や光る玉が手に入るわけがない。

ヒントはもちろん「磯際で」「海神の賜へる」という箇所だ。

海人族は海神の一族だと考えられており、土佐の磯にいる海人族から献上されたためにこのような伝承になったとみなすのが自然である。

それに「鶏卵のように丸い」というのも慈円の記録と一致しているが、さらに一致する記録がある。第二章で詳述しよう。

神功皇后（4世紀後半～5世紀前半か）

14代仲哀天皇の皇后。15代応神天皇の母。名は息長帯比売命。4世紀末のいわゆる三韓征伐の主人公。三韓征伐については、現在中国領土内にある好太王碑に「倭（日本）が辛卯年（391年）に海をわたり百残（百済）、加羅、新羅を破って臣民とした」とあることなどから、史実と考えられる。子の応神天皇と共に八幡神社の祭神。

神功皇后のもう一つの記録である、『日本書紀』にある仲哀天皇二年の記事、皇后が豊浦《とようら》津《のつ》に泊まった時、海中から如意珠を得た、という記録も掘り下げてみよう。

豊浦は今も下関にある地名である。

これもまた「海中」というキーワードから海人族の関与を疑うが、これだけだと何だかわからない。

鎌倉時代に作られた『元亨釋書《げんこうしゃくしょ》』の注釈書、『元亨釋書和解（江戸時代）』には、

「昔神功皇后新羅を征して還りたまひし時、如意珠及び金甲冑弓箭《こがねのかっちゅうきゅうせん》衣類等を埋めし故に武庫と呼び」とある。

『摂津国風土記』（逸文）には、

「神功皇后の兵器を埋めた場所を武庫《むこ》、今は兵庫という」

とあり、かつて兵庫県の六甲山（旧武庫山）全体はすべて神功皇后が創建したという廣田神社の社領であった。

『日本書紀』によれば廣田神社は神功皇后が三韓征伐に先立ち、天照大神の荒御霊《あらみたま》を山背根《やましろね》子《こ》の娘の葉山《はやま》姫に祀らせたのが起源で、元は廣田神社の甘南備山《かんなびやま》である甲山《かぶとやま》山麓に鎮座していたという。

山背根子は山背大国魂命《やましろのおおくにたまのみこと》ともいい、元伊勢籠神社に天火明命十世の子孫の海人族だと書かれている人物である。

また、この甲山（これも神功皇后が兜を埋めたことから名付けたという伝承がある）に今も神《かん》呪《のう》寺があるが、これは同じく籠神社三十一代海部値《あまべのあたい》御豊《みとよ》の娘、厳子《いづこ》の創建だという。

いわば丹後海人族の指導者の家の娘がこの地に寺を創建したのだから、このあたりは海人族のテリトリーであり、彼らが広く影響力や情報を共有しあっていたらしいことがよくわかる。

元亨釋書和解には「如意珠及び金甲冑弓箭衣類等を埋めし」とあるが、これはこの場所から推察するに、おそらく埋めたのではなく海人族に返納したのだろう。

事実、江戸時代までは当地の民家に神功皇后由来という甲冑があったという。

「如意珠」という表現から見て、『日本書紀』の豊浦で得た如意珠のことだとみてよい。

なお、この廣田神社には「剣珠《けんしゅ》」と呼ばれる水晶玉が現存する。球形に磨かれたもので、中に剣に似た模様の裂け目があるためこう呼ばれているのだが、これが日本書記にある「豊浦で皇后が得た如意珠」だという伝承がある。元は同国の南宮《なんぐう》神社にあり、それが廣田神社に移されたのだという。平安末期の歌謡『梁塵秘抄《りょうじんひしょう》』にも「濱の南宮は如意や宝珠の玉を持ち」と歌われ、かなり古くからある伝承である。

もしこの伝承が真実ならば、神功皇后が得た「如意珠」と神璽とは何らの関係もないことになる。

ただ、もし本当に『日本書紀』にも記録された神功皇后ゆかりの如意珠であれば、それこそ神宝中の神宝、常識的には絶対非公開の最高のご神体であるはずである。

だが、剣珠はご神体ではない。

重宝されているものの、神社が宝物として管理する神宝（社宝）の一つに過ぎない。『日本書紀』にも、他の多くの神社の社伝にも残されているエピソードの中心たる神秘の霊宝に対する扱いではありえない。

その後の歴史でも如意宝珠らしいエピソードもない。

このことから、元々南宮神社にあった水晶玉を、後世に日本書記の伝承と結び付けたものと断じてよいと思う。


事実、社寺が所蔵している神宝に、著名な聖遺物の名をつける例はよく見られる。

鹿児島神宮には「潮満瓊」「潮涸瓊」、つまり第二章で述べる山幸彦ゆかりの潮満珠《しおみつたま》、潮干珠《しおひるたま》と同名の宝物を持っているが、これも神社所有の神宝以上の存在ではない。

このほか、やはり宮崎県にある鵜戸《うど》神宮にも同じ名の水晶があり、同県の鹿児島神宮、鹿《か》野田《のだ》神社、あるいは枚聞《ひらきき》神社廻殿宮にも潮満珠、潮干珠の名を持つ神宝があり、大阪府の住吉大社にも山幸彦が潮満珠を沈めたという井戸がある。

いずれも彦火火出見尊《ひこほほでみのみこと》（山幸彦）にゆかりがある神社ばかりだ。

すべて有名な潮満、潮干の玉の名にあやかって後世に付会されたものとみて間違いない。

また、本書でよく出てくる元伊勢籠神社も息津鏡、邊津鏡と呼ばれる「十種神宝」と同じ名の鏡を所蔵しているが、やはり神宝である。

これらは極めて重要な宝物として秘蔵されてきたとはいえ、もし「ホンモノ」なら到底社宝のレベルではありえない。

（ただし元伊勢籠神社については、倭姫巡行の地であることから、一時期は本当に「十種神宝」が安置されていた可能性もある。

そして姫が去った後、大きさの似た鏡をこのように呼ぶようになった可能性はある。

また、奥津鏡、辺津鏡は『古事記』によれば、天之日矛が持ってきたという八種神宝の名前でもある。つまり、上下、内外、陰陽といった二つ一組の神聖な鏡を指す〝普通名詞〟として使われていた可能性もある。）

廣田神社にある水晶は神功皇后の如意珠そのものではないが、如意珠自体は単なる空想の産物ではなく、実在していたのではないかと考える根拠は他にもある。

先に筆者は『元亨釋書和解』の如意珠を甲冑などと共に埋めたという伝承を、「おそらく埋めたのではなく海人族に返納した」と解釈したが、これを裏付ける別の神社の社伝があるのだ。

神璽はその都度「返還」されていた?

如意珠を得た豊浦から瀬戸内海側、つまり東に進めば忌宮《いみのみや》神社がある。この神社は「満珠」「干珠」なる飛び地境内の小島を所有しているのだが、社伝によれば、

神功皇后が新羅出兵の際、住吉大神の使いである安曇《あづみ》の磯良《いそら》(安積氏の祖神の名で、顔中に牡蠣《かき》や鮑《あわび》が貼り付いており醜いために、普段は水中に隠れているという)なる若者より潮満珠、潮干珠を渡され、この玉のおかげで三韓に大勝し、凱旋した後この二つの玉を竜神に返すべく海に沈めると、二つの島になったという。

これももちろんそのまま信じられる話ではないが、安曇氏は古代の有力な海人族であり、この伝承を全くの創作だとすると、ここでまたしても海人族の有力者が登場する不可思議な偶然の説明ができなくなると言えよう。

この伝承は要するに、海人族の有力者である安曇氏が二つの珠を持っていた、そして神功皇后は志を果たすと、その珠を返納したと言っているわけだ。

これは海人族のテリトリーである兵庫に如意珠を埋めた、という『元亨釋書和解』の伝承と、場所は違えどくしくも一致するのである。

これら神功皇后の伝承を分析すると、どうやら当時（四〜五世紀）、神璽は朝廷の手にはなく、海人族が掌握、管理していたこと。

そして神璽を思わせるこの玉は「如意珠」とも「潮満珠」「潮干珠」とも呼ばれていたらしいことがわかる。

海人族の管理、ということで思い出してほしいのが、伊勢神宮外宮（八咫鏡）も熱田神宮（草薙剣）も同じく海人族が奉斎していた（つまり管理していた）、という点である。

やはり神璽も同じく海人族が奉斎していた証拠だと思う。

神功皇后が神璽を一時借り受けたという伝承は、ちょうど伊勢神宮に一旦安置された草薙剣を日本武尊が倭姫から借り受けた伝承に似ている。

やはり草薙剣もその後海人族の尾張氏が預かっている（これが熱田神宮の創建）からである。

神璽が「如意珠」とも「潮満珠」「潮干珠」とも呼ばれていたのは、様々な宝珠が混同された結果の可能性も捨てきれないが、これらすべてが海人族によって管理されていたことと、神功皇后がこれを借り受けてその後返却しているという事実。

また、これは第二章で述べるが、やはり五世紀の天皇が海人族ゆかりの玉を借り受け、再び海人族に返納しているという事実。

これらはみな伊勢神宮や外宮や熱田神宮と同じ性質を持っていることになる。

したがってこれらはすべて同じもの、つまり三種神器の一つである神璽だと考える。

もっとも先述のように神璽は四つある（形代を含めて計八つ）から、これらの玉のうち二つを特に「潮満珠」「潮干珠」と呼んでいた可能性もある。

これらの伝承は、神璽がほぼ常に海人族の手にあり、どうしてもこれを公的な目的に使用する必要が生じた時にのみ皇族に渡され、目的が成就するとまた返納していた事実があったと言えそうである。

先の日本武尊が草薙剣を借り受けたのも、東戎《あずまえびす》を服属させるという、極めて公的な動機があったからこそであろう。

神璽を含めて神器は結局天皇の所有物であるが、海人族が責任を以て預かるというしきたりがあったということなのだろう。

そして有事にはこの神器を天皇や皇族が持つこともあったが、それが私的な思惑、私情での利用が目的であれば、皇族といえど海人族は提供を拒絶していた可能性があることを示している。

先の忌宮神社や、志賀海《しかうみ》神社、筑後一宮である高良《こうら》大社や同じ福岡県にある志式《しき》神社、対馬の和多都美《わたづみ》神社はみな神功皇后の三韓征伐と、これに用いたという海人の潮満珠、潮干珠がその創建譚になっているが、これらの神社の多くにこれらの物語が神楽として伝えられている。その一つに「磯良舞」というのがある。

神功皇后（豊姫、という場合も）らが新羅へ進軍する際、干満珠を得るために安曇磯良（つまり海人族の事だろう）を使いとして海神（ワタツミの神や住吉大神とも）のところに行って干珠満珠を貰おうとする。

だが珠はどうしても渡されない。

豊姫は代わりに海神の所に行くと、海神は「神楽を舞うならば、珠を授けよう」と言う。豊姫は神楽を舞うと、喜んだ海神は干珠満珠を渡す、というストーリーだ。

この内容は奈良時代に藤原不比等が創建したという奈良の春日大社でも「おん祭り」の芸能として細男《せいのお》が奉納されるが、同じ故事を扱っている。

神社によって多少物語は変わり、珠を差し出すのを渋るのが磯良自身の場合もある。

このいわば文化として伝えられてきた歴史によれば、神功皇后は海人から神璽を借り受けるのもままならなかったらしい。

「舞を舞った結果、珠が渡された」というストーリーを、現実的な出来事の投影と見れば、借り受ける側が神事を尽くして神を敬った後、恐らくその後卜占《ぼくせん》を行い、〝是〟と出れば貸し出し、〝非〟と出れば皇族といえども拒否していた、ということなのだろうと思う。

磯良は海亀に乗った姿であらわされる場合も多く、この卜占とは恐らく亀卜《きぼく》（亀の甲羅を焼いてその割れ方で吉凶を占う）だったろう。

このことは第三章でも少し出てくるので覚えておいていただきたい。

なお、天智天皇七（六六八）年には草薙剣が新羅の僧に盗まれ、取り戻す事件が起きているが、この時剣はしばらく宮中にとどめ置かれたという。

そして朱鳥元（六八六）年に天武天皇の病気の原因が草薙剣の祟りによるという占いの結果が出たため、剣は元通り熱田神宮に戻されたという。

これもなし崩しではあるが、結局剣も海人族が管理することが最善だと判断された事例だろう。

先の皇位継承の記録では、奈良時代までは「鏡と剣」のみがレガリアとして継承されていた『日本書紀』の記録を解説したが、以上を見ると崇神天皇が神器を外に出した際、鏡と剣は形代を残したから継承が可能だったことがよくわかる。

しかし神璽は本体と形代を合わせて一つの箱に納めたがゆえに、御所内には何も残らなかったということなのだろう。

そして平安の平城《へいぜい》天皇の折にその神璽の継承がなされているところを見ると、どうやらその時期（八〇六年）以前、さほどさかのぼらない時に、何らかの理由で今に続く神璽（つまり本体と形代が合計八つ入った箱）を朝廷が手に入れたと推理できるのである。

第二章　さまよえる秘宝

沓島

冠島

（筆者撮影）

常世島浪漫《とこよじまろまん》

「あれが冠島や。岸から見るより、ずっと遠いやろ？」風と波しぶきを受けながら、今回クルーズを依頼した船長が、エンジン音に負けない大声で語る。

筆者は伊根の小さな港から約三十分漁船に揺られ、京都府の北端にあるこの神秘の島に接近していた。波しぶきに交ざってトビウオが次々と飛び跳ねていく。冠島《かんむりじま》及び沓島《くつじま》は港からざっと十五キロメートルほど離れているが、透明度が高く知る人ぞ知るダイビングの名所ということもあり、残暑厳しい九月のこの日も二隻の船が海岸近くに停泊していた。

島はほとんどが深い緑に覆われた山だけで、平地は海岸線の一部にしかない。

よく見ると、一般人の上陸が禁止されている、この島の中央部に唯一といっていい人工物が見える。「老人嶋神社《おいとしま》」の鳥居だと船長が語る。

老人嶋神社（筆者撮影）

今回この島を間近で見たかったのは、この地に、大いなる古代ロマンが眠っているからであった。ここ丹後は、浦島太郎伝説発祥の地と伝えられ、本書のテーマである神璽や、神功皇后や聖徳太子といった超重要人物、さらにはかぐや姫の秘密、そして天皇家の秘密に関する重要なヒントが隠されていると確信していた。


浦島太郎に関して言えば、このおとぎ話は根も葉もない単なるフィクションなどではなく、ちゃんとモデルとなった実在の人物がいたし、玉手箱もあった、ということである。

浦島太郎を語るにあたって避けて通れないのが、「山幸彦《やまさちひこ》」の物語である。

浦島伝説よりさらに古いと思われるこの物語は、『日本書紀』の神代巻に異説を含め繰り返し登場しており、日本でももっとも古い神話に分類される。

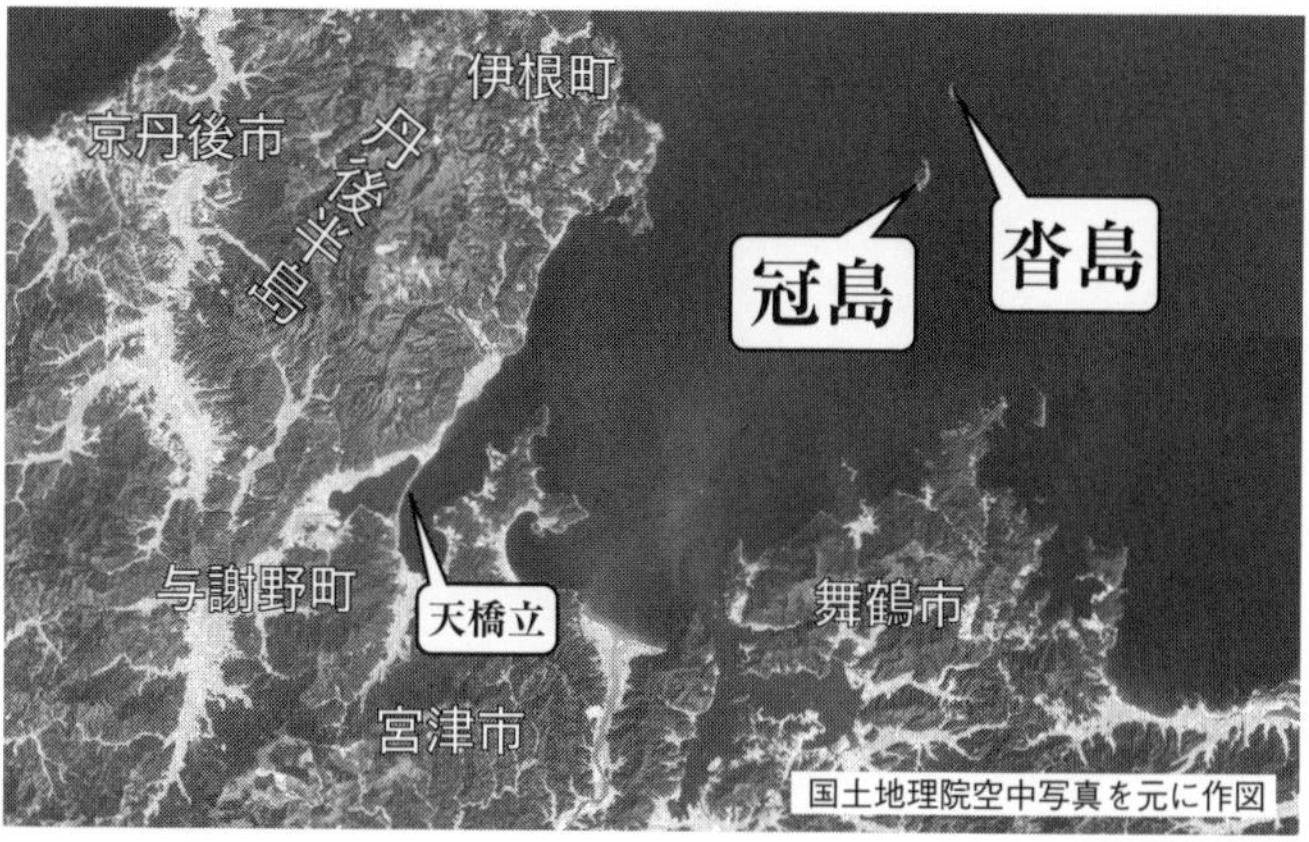

山幸彦こと彦火火出見尊《ひこほほでみのみこと》は、兄の海幸彦から借り受けた釣り針をなくしてしまう。

山幸彦は釣り針を探すため、籠の船に乗り、海神の宮にやってくる。

海神の娘、豊玉姫《とよたまひめ》は彼を見て一目ぼれする。

「大変な美しさで、並みの気品ではない。虚空彦《そらつひこ》（皇太子の意）というのでしょうか」と、父の海神に語るのである。

そして山幸彦は豊玉姫を妻としてここに三年間を過ごす。

その後釣り針を見つけた山幸彦は、海神から潮満玉・潮干玉を受け取り、豊玉姫を引きつれ故郷に帰ってくる。

すると豊玉姫は「私はもうあなたの子を孕んでいます。子を産みますが、どうかそのときの姿を見ないでください」という。

しかし山幸彦は聞き入れず、大鰐《おおわに》の姿になってのた打ち回る豊玉姫を見てしまう。

彼女はこれを恥じて、子を残し海神の宮へ帰ってしまう。

この子が鸕鷀草葺不合尊《うがやふきあえずのみこと》であり、初代神武天皇の父である。


一読してこれが浦島太郎の元となった神話であることを理解されるだろう。

釣りをしていた若者が、海の向こうの宮殿に行く。

そこには海宮（竜宮城と同じだろう）があり、その宮殿の姫と結婚し、三年を過ごす。

その後、若者は「宝玉」を餞別として受け取って宮殿を去る。

さらに、姫との約束を破るというタブーを犯し、姫と別れる事となる。

物語の骨格を形成するこれらの要素が、明らかに共通しており、このことは浦島太郎が「山幸彦神話」に大きく影響され、そのストーリーが混同してしまったことを示していよう。浦島太郎のオリジナルな部分は、不老不死の力を持つ「玉手箱」の存在くらいだといってよい。

浦島太郎のもっとも古い記録の一つは、『日本書紀』の雄略天皇二十二年七月の条に出てくる。

「丹波国（当時丹後は丹波国の一部だった）の余社郡《よさのこほり》の筒川の人、水之江《みずのえ》浦嶋子《のうらのしまこ》、舟に乗りて釣す。大亀を得たり。便《すぐ》に女に化為る。是に浦嶋子、感《かま》りて婦《つま》にす。蓬萊山《ほうらいさん》に到りて仙衆《せんしゅう》を歴《めぐ》り観る」

これを見る限り、雄略天皇の時（四七八年か）、丹後で浦嶋事件ともいうべき何かが起こったことは確かなようである。この時代の日本史にはまだまだわからないことの方が多いが、さすがに「神話の時代」とは言いがたい。

そんな時代に、いくら山幸彦神話の焼き増しと言え、何の根も葉もないところから、突如浦嶋伝承が生まれるとは考えにくい。

むしろ、当時の人々がこの「山幸彦神話」を連想せずにはいられないような、似たような事件が、雄略二十二年に実際に起こったことを示しているのではないか。

竜宮城（常世島とも呼ばれる）の正体については琉球説、中国説、朝鮮説などがあるが、いずれにも不老不死や不老長寿伝承などほとんどない。

浦島伝説が日本人のロマンティシズムや死生観に大きく影響されているのはそのとおりで

あろう。

しかし、ここ丹後には、不老不死にかかわる伝承が浦島太郎以外にもいくつもある。単に民族のメンタリティから生まれたフィクションとも言い切れないのである。

秦の始皇帝に、不老不死の薬を持ってくるよう命じられた徐福《じょふく》は、ここ丹後にやってきたという伝説がある。その徐福を祭る「新井崎神社《にいざきじんじゃ》」は、筆者がクルーズをした伊根の港近くにある。また、十一代垂仁《すいにん》天皇に、やはり不老不死の秘薬を持ち帰るよう命じられた、田道《たじ》間守《まもり》が常世国から帰ってきたのが、丹後の久美浜《くみはま》だとされている。

このように丹後の地は確かに「不老不死」「不老長寿」伝説に彩られた土地柄であった。とすれば、竜宮城、常世島もまたここ丹後のどこかのことを言っているのではないのか。

また、新井崎神社は海岸にあるが、真東の冠島の方角を崇めるように向いているのだ。明らかに冠島が不老長寿の霊地である、と認識されていたらしいことがわかるのである。とするならば、浦島太郎もまた冠島で不老不死の霊力を手に入れた、と信じられていたのではないだろうか。

海部氏の所蔵する『勘注系図』の中にある『丹後國風土記』逸文には、古代この地に「凡海郷（おおしあまのさと）」と呼ばれていた大きな島があったが、地震で沈んでしまった、との記載があるのだ。

海に沈んだ聖なる島

……時に大寶元辛丑《はじめかのとうし》年三月己亥《つちのとい》、當國に地震起り三日止まず。
此嶋一夜にして蒼茫《そうぼう》変じて海と成る。
漸《ようや》く纔《わず》かに嶋中の高山二峯立神岩と海の上に出て、今常世島《とこよしま》と号《なづ》く。
又俗に男嶋《をしま》女嶋《めしま》と稱《まを》す。
嶋毎に神祠あり。祭る所は彦火《ひこほ》明命《あかりのみこと》と日子《ひこ》郎女神《いらつめのかみ》なり。當國風土記にあり。

〈はるか昔、海部氏の始祖彦火明命の故地であったこの「凡海郷」に、大宝元（七〇一）年、三日続けて地震が起こり、「此嶋一夜にして蒼茫変じて海と成る」、つまり沈んでしまった。

そして、島の高山であった二峯だけが残り、これを常世島と呼んだ。別名男嶋、女嶋という（筆者注：現在はこれを冠島、沓島と呼ぶ）。嶋毎に祠があり、彦火明命と日子郎女神を祀っている。
『丹後国風土記』に出ている〉

これが本当なら先に筆者が船に揺られていたこの深い海が、陸地だったことになる。学界ではこの伝承はほとんど否定されるか無視されており、あまりまじめに取り上げられることもないようだ。

だが、大宝元年、つまり西暦で七〇一年、この地域に地震があったこと自体は、朝廷編纂の正史である『続日本紀』にも記録されており、事実である。

籠神社の奥、高台にある真名井《まない》神社に残る「真名井地蔵」にも、「大宝年間、大津波が押し寄せてきたのを地蔵が押しとどめた」という伝承が伝わる。

明らかに大地震があったのだ。しかも冷静に考えてみるならば、『風土記』編纂の勅令が地震のわずか十二年後の和銅六（七一三）年であり、『丹後国風土記』もその時期に作成されたはずである。

この地震による島の沈没は、伝承というよりは、ほとんどリアルな同時代の事件記録といってよく、事実と考えた方が妥当ではないだろうか。

さらに平成二十一（二〇〇九）年マスコミで、冠島の近海にある、トトグリと呼ばれる約十メートルの海底で、階段状の遺跡らしきものが発見され話題を呼んでいる、と報じられた。

冠島近海の通称トトグリと呼ばれる階段状の海底遺跡らしきもの（京都府）

不老不死伝説を持ち、浦島太郎が住んだという巨島、「凡海郷」の実在性はさらに高まった、というべきであろう。

この海に沈んだミステリアスな神聖な島の存在は、本書のテーマである神璽の正体に迫る時、避けて通れない存在なのである。

浦嶋明神縁起（浦嶋神社所蔵、重要文化財）

海人族と「浦島太郎」

浦島太郎物語については、先述の『日本書紀』の記録を筆頭に、『万葉集』や『古事談』、『丹後国風土記』（『釈日本紀』に記録されている逸文）などにも説話が記録されている。

周知のように『万葉集』は古代の和歌を収録した書物だが、浦島子については極めて長い長歌と呼ばれる形式でそのすべてが収録されている。

『古事談』にしても『風土記』にしても、ほかのほとんどの説話はごく短く紹介されているだけなのに、浦島伝承は特例ともいうべき長さで紹介されている。

『万葉集』では舞台が丹後ではなく大坂の墨吉（住之江）になっているなど、小異はあるもののほぼ同じ伝承を実話として伝えており、単なる「古代のＳＦ小説」とも言えないのだろう。

ただ、いわゆるおとぎ話と違うのは、主人公は「浦島太郎」ではなく「浦島子」なる人物であることだ（たとえば『古事記』では「宇良志麻能古」と書かれている）。

乙姫も「神の娘子（『万葉集』）」「亀比売（『風土記』）」「神女（『古事談』）」と様々に呼ばれている。

『古事記』を含め地元に残る浦嶋伝承では、彼を海人族の一派である丹後の日下部《くさかべ》氏だとしている。

浦島太郎の元となった「山幸彦神話」においては、竜宮城に到った山幸彦は海神や姫から「大変美しい、我々以上の高貴な虚空彦」と呼ばれた。

丹後の伊根町にある浦嶋子を祭る浦嶋神社（宇良神社）には浦嶋子伝記が残されているが、ここでは浦嶋子を貴人を連想させる「容姿端麗な若者」と記録している。

ほかにも各地に残された浦島伝承の多くが、浦島太郎を立派な美男子だとしていた。

先述したように、山幸彦が「虚空彦（皇太子）」であり、その神話が浦島太郎に投影されていることと合わせて考えたとき、浦島太郎もまた単なる庶民というより、高貴な血筋の人物であったと暗示していると捉えることができるだろう。

また、ここ丹後は浦島太郎以外にも天女伝説が数多くあることで有名だが、依遅《いち》ケ尾《がお》山では霊能巫女を養成していた（竹野《たかの》神社伝承）、というほど多くの巫女がいた。

万葉集の浦嶋伝説では乙姫を「海若《わたつみ》の神の女」と称し、乙姫が神女、つまり巫女だったことが示されている。

浦島太郎は乙姫から別れ際に「玉手箱」を渡されるが、この玉手箱は明らかに丹後の不老不死伝説の中核を為す宝物であろう。

凡海郷が乙姫とその一団である海人族の巫女たちに守られた聖なる神島であり、そのレガリアである「玉手箱」を、よそからやってきた「高貴な人物」だったであろう浦島子に渡したという史実があったと仮定すれば、あとは当時すでに神話伝承であった山幸彦物語と合体することで、今知られるような「浦島太郎」の物語は十分成立しえた、といえそうである。

とすればレガリアを渡す権力を持つ「乙姫」は、ちょうど伊勢神宮にいた斎王のような人物だったはずである。

浦島子は釣りをしている時、謎の聖女と出会った

正史に記録されていない不思議な伝承

江戸時代後期の丹後地方史誌である『丹哥府志《たんかふし》』には、丹後の伊根町にある浦嶋神社（宇良神社とも）の社記に、当時はまだ別伝が残されていたことを記録している。その内容の概略は次のようなものである。

社記曰。浦島明神は島子を祭るなり。島子は元いづれの人なる事を知らず。
偶然として筒川の庄水江に來りて其長浦島太郎の義子となる。
浦島太郎は蓋月讀尊《けだしつきよみのみこと》の苗裔《びやうえい》にして日下部《くさかべ》の祖なり。
其弟を曾布谷次郎といふ。次を今田の三郎といふ。
太郎は履仲天皇、反正天皇の二代に仕ふ。次郎は允恭天皇に仕ふ。
三郎は安康天皇に仕へて武術の聞えあり。
浦島曾布谷今田は地名なり。
安康天皇即位四年眉輪王《まよわのおおきみ》帝を弑する時三郎これを防戦す、其功すくなからず。

……太郎其妻と海濱に遊びて山水を弄ぶ、偶一童子の姿容秀美なるを見るよつて問ふて曰、汝は誰家の兒ぞ、兒の曰、我に親なく又住する處もなし只天地の間のものなり、（略）遂に携へて家に歸り養ふて以て子とす所謂《いはゆる》島子なり。


〈浦島神社の社記によれば、その祭神である浦島明神とは浦島子の事である。

島子は元々どこの誰かわかっていない。

偶然、丹後筒川の水江にやってきて、当地の長だった浦島太郎の養子になった。

浦島太郎は月読尊の苗裔、日下部の祖である。曽布谷次郎、今田の三郎という二人の弟がいた。太郎は履中《りちゅう》天皇反正《はんぜい》天皇、次郎は允恭天皇、三郎は安康天皇に仕えていた。

三郎は武術の聞こえがあり、安康天皇四年、眉輪王が天皇を殺害しようとしたときに防戦した。その功績は小さくない。浦島、曽布谷、今田とは地名である。

太郎夫妻は海辺で偶然一人の姿容秀美な子と出会った。太郎がどこの子かと尋ねると、「自分には親はおらず、住む家もない」と答えた。

太郎はその子を家につれて帰り、子供として育てた。これが島子である。〉

そしてこの島子がある日、釣りをしていると五色の亀を釣り上げ、それが美しい女性に変身した。後はよく知られる浦島太郎の物語とほぼ同じである。

この伝承で注目すべきなのは、主人公が海人族で、丹後筒川の首《おびと》だった日下部氏の浦島太郎なのではなく、どこの誰かもわからない、太郎の養子になった「島子」であるという点である。地元の日下部氏出身ではないらしいのである。

（もっとも日下部氏は浦島子の時代よりずっと昔、九代開化《かいか》天皇の子で、崇神天皇の弟にあたる日子坐王《ひこいますのみこ》を祖とする皇別氏とされる）

島子が地元出身ではなかったのではないか、ということをほのめかす記録は、ほかにもある。『丹後国風土記』逸文には、「玉手箱」を開けた後に、島子と乙姫がやり取りしたという歌が残されている。

浦島子が、玉手箱を開けた後に読んだ歌

常世べに雲たちわたる　水之江の　浦嶋の子が　言持《こと》ちわたる

（常世の方〈凡海郷か〉に雲がわいている。浦島子の言葉が渡っているのだろう）

乙姫の返歌

大和べに風吹きあげて　雲放れ　退《そ》り居りともよ　吾を忘るな

（大和の方に雲がちぎれて私の気持ちとともに飛んでいった。私を忘れないで）

重ねて浦嶋の返歌

子らに恋ひ　朝戸を開き　吾が居れば　常世の浜の　浪の音聞こゆ

（あなたたちを愛しく思い、朝に戸を開けば、あの時の常世の浜の波音が聞こえるようだ）

無論、これらの歌が本当に浦嶋と乙姫がやり取りした歌なのかは確かめようがない。

乙姫の歌など、明らかに『古事記』に出てくる仁徳天皇の后の歌とそっくりである。

だが、地元伝承ということは、当時の人々が、二人の立場をこの歌のとおりだと捉えていたことは間違いはないだろう。

すなわち、箱を開けた後も、浦島子は老化して死んではおらず、健在であり、「朝戸を開き」

昔を懐かしむくらい生活自体には余裕が見られること。

しかも彼はどうやら当時の日本の首都である大和にいること。大和が彼の故郷なのだろうか。また、彼らが歌でやり取りするくらいのコミュニケーションの手段を持っていた可能性さえあることである。


実は浦嶋事件があったという『日本書紀』の記録である雄略天皇二十二（四七八）年七月からわずか二ヵ月後、伊勢神宮外宮が創建されているのである。

すなわち、倭姫命の夢に天照大神が現れ、「丹波國与佐《よさ》ノ小見比治《おみひぬ》の魚井原《まいのはら》（籠神社周辺か）に坐しマス、……御饌都神《みつけのかみ》止由居《とゆけ》太神を、我が坐しまス國《ところ》ヘト欲《おも》フ」と仰せられた、というのだ（『倭姫命世紀』）。

日本史にとって、きわめて重大な事件だが、ここで注目したいのは、それ以前は外宮の神、つまり御神体（神鏡だろう）が丹後、つまり凡海郷にあった、ということである。

この明快な事実が、ほとんど見落とされている。

伊勢神宮のもっとも神聖な御神体の一つは、この時まで凡海郷の海人族の奉斎するところであったが、この時彼らはおとなしく伊勢への遷宮を受け入れた（つまり手放した）らしいのである。

そして同時期に、海人族はもう一つの宝である「玉手箱」を姿容秀美な浦島子に渡してしまう。

ここから浦島子の正体もほぼ特定できる。

浦島子の正体

『日本書紀』によれば億計王《おけのみこ》、弘計王《をけのみこ》は兄弟で、履中天皇の孫という高貴な血筋だったが、父親の市辺押磐皇子《いちのべのおしいわのみこ》が遠縁にあたる雄略天皇に殺された。

皇位を市辺押磐皇子に奪われることへの猜疑心からという。

そして兄弟は、当時舎人《とねり》（皇族の身辺警護や雑務に当たっていた役人）だった日下部連使主《くさかべのむらじおみ》とその子吾田彦《あたひこ》の案内で丹波の与謝郡《よさのこほり》に避難したという。これが四五四年頃のことだ（安康天皇の没年を四五四年と見た場合）。

その後二人は播磨（兵庫県）に逃れたが、雄略天皇の子である清寧《せいねい》天皇の御代になってい

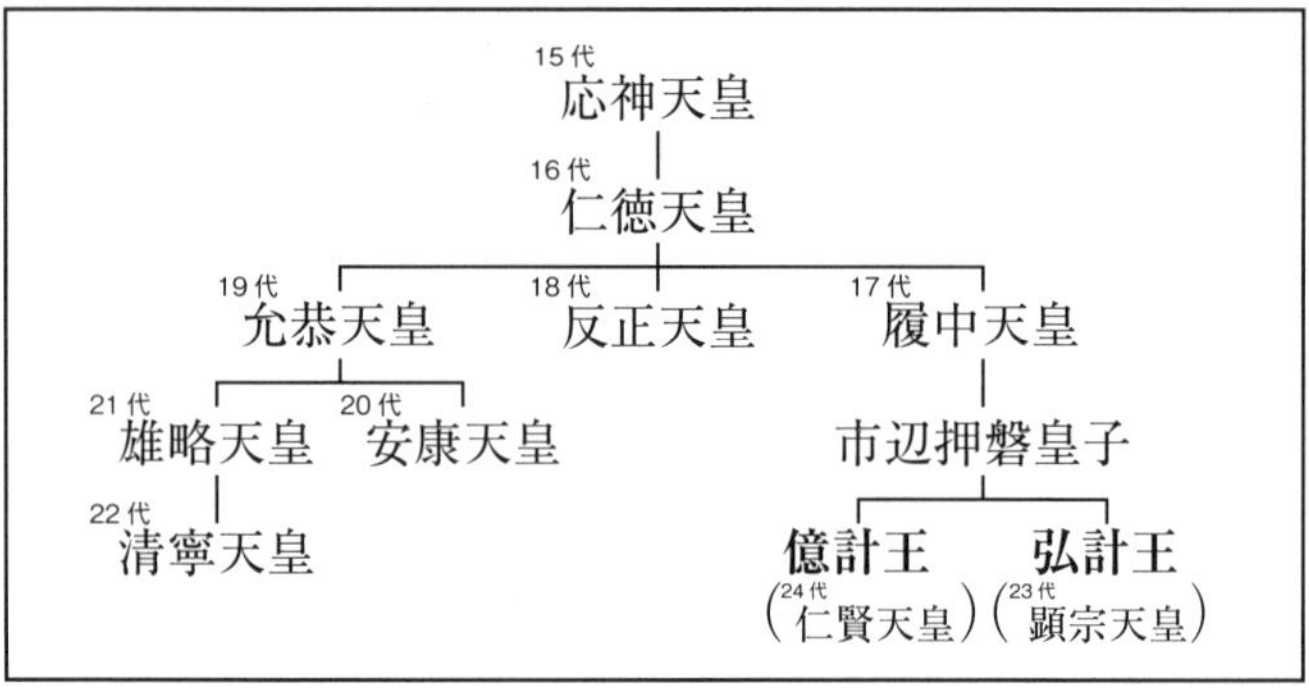

た時、身分がバレてしまう。

しかし清寧天皇は二人を殺すどころか「自分には子がいないが、ちょうどよい後継ぎができた」といい、晴れて二人は皇位を継承し、それぞれ二十四代仁賢《にんけん》天皇、二十三代顕宗《けんそう》天皇に即位することになるのである。

つまり、弘計王、億計王の兄弟が雄略天皇の手から逃れたのが丹後の地であり、それが事実だと主張するように、今日も籠神社にほど近い麓《ふもと》神社や久住《くすみ》の木積《こづみ》神社に二人が祭られているのである。

木積神社のある久住は皇住（皇子が住む）がなまったものだという。

眉目秀麗と称えられ、海人族の祭主がたやすくレガリアを渡して主と仰げるほどの血筋である、具体的には朝廷側の貴人であること。その人物が大和を故郷としていること。

二人なら、この条件を十分に満たせるではないか。

木積神社

麓神社

（筆者撮影）

何より決定的なのが、先の『丹哥府志』にある「浦島太郎の弟の三郎が安康天皇四年の眉輪王事件の際、これを防いで功を立てた」という一節である。

先の『日本書紀』の記録である市辺押磐皇子が殺されたのはまさにこの時である。

安康天皇が殺されたために、この報復として雄略天皇が眉輪王や市辺押磐皇子を殺したわけだ。

『日本書紀』には日下部連使主なる人物が眉輪王・市辺押磐皇子殺人事件の際、市辺押磐皇子の二人の皇子を丹後に脱出させたという。

浦嶋神社の極めて古いと考えられる社伝には浦島太郎の弟である日下部の三郎が眉輪王・市辺押磐皇子殺人事件の際、防戦したと記録する。

この社伝には同じ頃、日下部の兄の太郎は丹後の海岸でブラブラしていたどこの誰かわからない美少年の「浦島子」を養子にした、と書いているわけだ。

この日下部連使主（あるいはその子吾田彦）が、日下部連である浦島太郎の弟の三郎と同一人物と見ていいのではないか。

ということは、兄の太郎が海岸で見つけた少年とは、三郎が脱出させた皇子その人だと言っていいだろう。

つまり、浦島子＝弘計王、億計王のいずれかだろう（『丹哥府志』もその説を挙げている）。浦島子の記録がある、雄略天皇二十二（四七八？）年に、二人は推定二十八〜二十九歳。ドラマの主人公としては、ちょうどよい年齢である。この時に凡海郷の斎主である乙姫は、彼らを主として仰ぐことを形で示したことになる。

そして翌年雄略天皇は没し、さらにその三年後、二人は大和に帰郷し、皇位継承を果たすのである。

日下部連使主（浦島太郎の弟の三郎）が弘計王、億計王を丹後に脱出させた頃……（日本書記）

日下部の長・浦島太郎は丹後の海岸でどこの誰かわからない姿容秀美な「島子」と出会った
島子が乙姫と出会い玉手箱を手にしたという（浦嶋神社の古い社伝）

では弘計、億計のどちらが浦島子といえば、恐らく「字は嶋郎(しまのいらつこ)」(『日本書紀』)という億計王だろうと思う。まさに浦(海岸)の「島子」、同じ名である。

この浦島子=億計王(仁賢天皇)説を踏まえて、次に「玉手箱の正体」に迫ってみよう。

ここまでの説明から、玉手箱の中身は、不老不死伝承を持ち、朝廷がどうしてもそれを欲した、レガリアの意義を持つ神宝、という条件を持っていなければならない。

そして、朝廷がどうしても必要なレガリアといえば、三種神器以外にはない。

神器のうち「鏡」と「剣」は、雄略天皇の時代、すでに伊勢と熱田の神宮にあった(ただし、伊勢外宮の鏡は前述のとおり雄略天皇の時代の勧請だろう)。

とすれば、該当するのは「神璽(八坂瓊勾玉)」しかないではないか。

「開けてはならない」とされるタブーがある点、両者は共通している。

また、第一章でも書いたが、十四世紀の書「八幡菩薩」にも、「神璽(八坂瓊勾玉のこと)箱者、彼の帝ノ龍宮の宝珠也。……世間ニハ龍宮の珠ヲ以テ神璽ト云フ」とある。

神璽が龍宮と関連していることは中世に比較的多く書かれている。

他に、十三世紀の記録として『続古事談』には以下の記録がある。

神璽宝剣、神の代よりつたはりて、帝の御まもりにて、さらにあけぬく事なし。冷泉院、うつし心なくおはしましければにや、しるしのはこのからげ緒をときてあけんとし給ければ、箱より白雲たちのぼりけり。

をそれてすて給たりければ、紀氏の内侍、もとのごとくからげけり。

宝剣をもぬかむとし給ければ、夜御殿《よるのおとど》、ひらくとひかりければ、をぢてぬき給はざりけり。

〈神璽と草薙剣は神代から伝わっている天皇のお守りで、開いて中身を見ることなどなかった。

冷泉天皇（在位九六七～九六九）は奇矯な心をお持ちで、神璽の箱の結び緒をほどいて開けようとされた。すると箱から白雲が立ち上ってきた。

恐れて箱を放り出してしまわれたので、内侍（後宮）である紀氏の女が元通り紐を結んでおいた。

さらには草薙剣を抜こうとされたところ、天皇の寝室がピラピラと光りだしたので、剣を

神璽の箱からは、白雲が立ちのぼったという

抜かれることはなかった。〉

「龍宮の宝珠」や「箱を開けると白雲が出る」、とはまさに浦島太郎の玉手箱のイメージそのものである。

そしてもちろん、神璽の正体は十種神宝の四つの玉であるならば、この玉には「不老不死」または「不老長寿」の魔力があると信じられていた。

仁賢天皇自身は五十歳くらいで崩じたと考えられるから、浦島子伝承のように異常長寿だったわけではない。

しかし、玉手箱の中身が十種神宝の「不老長寿の魔法の珠」だという認識が当時の人々の間にあったとすれば、この認識が浦島子の長寿伝承の土壌になったと考えられるのではないか。

こう考えると、「凡海郷の巫女に神器を渡される」浦島太郎の物語は、かつて伊勢神宮の斎王であった倭姫が、東国遠征にあたる日本武尊に神器である「草薙剣」を渡したという伝承と、同じモチーフをもっていることがわかるだろう。日本武尊も、この時は皇太子の座を兄と争うほどのポジションにあったのだ。

つまり、伊勢神宮と凡海郷とは、元はそれぞれが「内宮の鏡・草薙剣」と「外宮の鏡・勾玉」を持つ、恐らく日本で双璧をなす二大聖地だったらしいことがわかるのである。

事実、京丹後市丹後町にある竹野神社の摂社には今も「齋宮神社」があり、ここでは選ばれた女子が竹野神社の「斎宮」に就任していたという社伝がある。

竹野神社の伝承によれば、九代開化天皇の妃となった丹波の大縣主《おおあがたぬし》・由碁理《ゆごり》なる人物の娘が竹野神社を創建したという。

この由碁理は籠神社の海部氏の系図に残っているから、確かに海人族の頭目の血筋だったと言える。

彼女は実は凡海郷の初代斎王となるべく勅命を受けた人物なのではないか。

後述するが、『記紀』は明らかに海人族の功績や実態を覆い隠そうとしている節があるのだ。単なる「巫女」ではなく「斎宮」というのだから、この同族から輩出され続ける竹野神社の斎宮こそ凡海郷の乙姫の正体である可能性は極めて高い。

そして彼らの末裔が「日下部」の当主を名乗ったのだと思う。

つまり丹後の日下部氏とは、海部氏の長の立場の者が名乗っていた姓なのではないか。

『古事記』には日下部氏は崇神天皇の弟の日子坐王を祖とする、とあるのだが、この王と竹野姫の末裔(世代的には孫の代)が結ばれて日下部氏が成立した可能性が高い。

浦島子は偶然日下部氏の浦島太郎に拾われたのではないし、たまたま当時日下部連使主が舎人だったために、縁もゆかりもない丹後に行ったわけでもない。

雄略天皇から逃れた皇子たちは初めから海人族を頼って、その海人族の長、日下部の首の家柄である日下部連使主の案内で命からがら丹後に逃れた、ということなのだろう。

乙姫が玉手箱を即位前の仁賢天皇に献上したということは、彼ら海人族が名実ともに朝廷の傘下に入ったことを意味するのではないかとも言えそうではある。だが、そのように考えるよりは、恐らく海人族が何らかの理由で凡海郷を「閉鎖」することになったため、これに先立ち、外宮のご神体と神璽を朝廷に一旦返納したと考える方がしっくりくる。

ただ、玉手箱、つまり神璽に関しては神功皇后の時と同じように、「ある目的」を達成すれば海人族に再び返納するというしきたりが守られた。

せっかく手に入れた神璽を返してしまったことは、当時の人々から見ればあまりにも惜しいことに思え、それは伝承として残った。

そして伝承はおとぎ話と化し、浦島子が「玉手箱を開けてしまい、箱の中に封印されていた不老不死の魔力が解けてしまった」と表現されるようになったのだろう。


以上から、おとぎ話の浦島太郎の元となった五世紀の実在の人物、浦島子の正体は億計王、つまり後の仁賢天皇だと言えると思う。

そして乙姫の正体は、竹野神社の斎宮であろう。

この乙姫は、丹後にかつてあった「凡海郷」なる神聖な島で外宮のご神体である鏡と玉手箱を奉斎する、海人族の精神的指導者格の女性だったのだろう。

凡海郷はこの時、もっとも重要な外宮のご神体となっている鏡と玉手箱を手放し、歴史の表舞台から消え、約二五〇〇年後の大宝元（七〇一）年、三日続いた地震により、ついに島もろともその姿を消してしまうのである。

そして乙姫の玉手箱の正体はもちろん神璽、つまり十種神宝の四つの玉――厳密にいえば形代の玉も含め、合計八つ――であろう。

聖徳太子と神璽

ここからまた時代を六～七世紀にまで下らせよう。

六世紀のもっとも著名な日本人と言えば聖徳太子であろう。

日本仏教の祖ともいえる聖徳太子だが、太子もまた神璽に関わる人生を送ったはずである。もっとも太子と神璽のかかわりなど、『記紀』はおろか著名な聖徳太子の伝記である『上宮《じょうぐう》聖徳法王帝説』や『上宮聖徳太子傳補闕記《ほけつき》』といった各資料には一切出てこない。

しかし筆者は実際に聖徳太子が神璽を使用していたかどうかはともかく、太子は大きく関わりを持っていたし、恐らくは所持することを望んでいたに違いないと考える。

なぜそう言えるのか。

そう思うに至った原因は、第一には太子の時代の日本以外の資料、すなわち『隋書倭国伝（六三六年）』に残された記録である。

そこにはこう書かれている。


如意寶珠有り。其の色青く、大きさは鶏卵の如し。夜則ち光有り。云う、魚眼の精也。新羅、百済は皆俀を以て大國と為し、珎物多く、並びて之を敬い仰ぎ、恒に通使往來す

〈（倭には）如意宝珠がある。その色は青く、大きさは鶏卵くらい。夜になると光るという。魚の目の精という。

（古代朝鮮半島にあった）新羅や百済はみな、倭を大国と言い、珍しい宝が多くあるとする。両国とも倭を（目上の国として）敬い、仰いでおり、頻繁に朝貢している。〉

如意宝珠は名のとおり意のままになる、つまり願い事を叶える魔法の珠を意味する仏教用

一般的にイメージされる宝珠

語である。

これは十種神宝の四つの玉を彷彿させる。もちろんこれだけではない。

一般的に如意宝珠は観音菩薩や吉祥天、弁財天といった諸仏が手に持っているのだが、これを描いた、あるいは彫刻した仏像は、桃太郎に出てくる桃のようにほとんどがやや平べったい球状で、頂点がとがっている宝珠を持っている。

ところが隋書によれば、日本の如意宝珠のかたちは「鶏卵大」つまり鶏の卵みたいなものだったという。これは第一章で書いたように、慈円が壇ノ浦の戦いで開けられた神璽の描写である「八果の珠」から受ける印象と似通っている。

また、神功皇后が土佐の磯部で海神から得た「潮満珠、潮干珠」もまた鶏卵状だと『土佐国風土記』にあることは先述した。

夜になると光ることについては何とも言えないし、古代中国では蓄光する蛍石をこのように呼んでいたともいうが、ここでは明らかに蛍石とは違う。

ただ、これを「青色で魚眼の精」だと表記していることは注目に値する。

水に関係が深い宝石では翡翠や真珠がある。特に翡翠は青色も多いが、当時の隋にももちろん翡翠も真珠もあった。

だから、彼らが単なるこれらの宝石を如意宝珠だと受け取った可能性は非常に低い。

また、神璽は海人族が奉斎していた霊宝であり、言うまでもなくそのイメージには常に海や水が付きまとっていることは何度も書いた。

当時の朝廷が、神璽に関する情報を比較的ざっくばらんに隋の連中に語ったのではないか。となれば、如意宝珠という実体のない霊宝の伝説は大陸にもあったが、本当にこのような不思議な玉がヤマトにはあるのだと聞かされた、隋の使節が大いに驚いてこれを記録した可能性は十分にある。

また、朝鮮半島にあった古代国家である新羅や百済がそろって倭（日本）を大国として敬って仰いでいたと書かれている。このことは、

（新羅国王が日本天皇に言うには）今より以後、長く乾坤と与に伏ひて飼部と為らむ。

其れ船梶《ふなかじ》を乾《ほ》さずして、春秋に馬梳《うまのはだけ》と馬鞭《うまのむち》を献らむ。
復海《またわた》の遠きに煩《いたつ》かずして年毎に男女の調を貢らむ。
……殊に春秋の朝《まるで》を闕き、怠りて梳鞭の貢《みつぎ》を廃《や》めば、天神地祇、共に討へたまへ

〈今後は末永く服従し、馬飼いとなりましょう。船の梶が乾かないくらい頻繁に朝貢し、年二回馬の梳や鞭をたてまつり、遠方だからとそれを言い訳にせず毎年男女の手に成る生産物を献上します……春秋の朝貢が欠けたり、馬の梳や鞭の献上を怠ったら天地の神の罰を受けても構いません〉（『日本書紀』神功皇后記）

（新羅は）魏の時代は新羅といわれ、（南北朝時代の）宋の時代は斯羅といわれ、その実は同一の国である。韓に属したり、倭国に属したりした。

その国王は自ら遣使することはできない（六世紀の梁職貢図題記より。韓〈高句麗か〉や倭〈日本〉の認可が下りなければ使節を送ることができなかった、という意味）

そもそも新羅・百残は（高句麗の）属民であり、朝貢していた。しかし、倭が辛卯年（三九一

年）に海を渡りて百殘（百済）、更に新羅を破り、以て臣民（属国の意味）となした
（「好太王碑」五世紀）

とあるように、当時の朝鮮半島南部の国々が日本、高句麗二国による両属状態だったと記録されていることは諸記録が一致していることから、正確な情報を描写していると言えるとともに、これらの国が日本を「珍物」つまり珍しい宝物の多い国であると見ている、と書かれているのは隋書だけの記録なのである。

当時の新羅や百済の王侯たちは、神璽などの神器の事を知っていた可能性は極めて高い。というのもこの後、天智天皇七（六六八）年、新羅王族の道行が熱田神宮から草薙剣を奪い、自国へ持ち帰ろうとした事件があったことが『日本書紀』や当の熱田神宮などに記録されているからである。

当時は六六〇年に百済が滅亡し、六六八年には高句麗が滅亡して朝鮮半島が完全に唐の版図になる危機が迫っていたから、新羅朝廷は護国の霊験あらたかだという草薙剣を盗もうとしたのだろう。

法隆寺（奈良県斑鳩町、筆者撮影）

結局道行は大阪湾の手前で暴風雨に遭い、恐れて神剣を手放して逃げたという（その場所が大阪府の放出《はなてん》〈〝放手〟の意〉だという）。

ここから想像するに、彼ら半島の王侯が憧れた「珍物」の筆頭は三種神器だった可能性が高い。

この時代、神璽はまだ正式には神器の一角を占めてはいなかったし、当時来日した隋の裴世清《はいせいせい》ら使節が、神璽を直接見た可能性は少ないと思うが、日本側も我が国にはこんな珍しいものがあるのだと主張するために、神璽の説明はしたのではないか。

左脇侍仏　　右脇侍仏

（内務省『Japanese Temples and their Treasures Vol.2』より）

救世観音が持つ「神璽」

もう一つ、この「如意宝珠」が神璽そのものではないかと思った所以は、聖徳太子の時代、あるいはその直後に作られたとされる法隆寺の釈迦三尊像と救世観音の存在である。

　釈迦三尊像は、その光背銘によれば止利《とり》仏師（聖徳太子と同時代の仏像作りの工匠）によって六二三年、つまり聖徳太子没年の翌年に作成されたという。

　この像も制作年代や光背銘について侃々諤々《かんかんがくがく》の議論はあるのだが、ここで問題にしたいのは脇侍仏である。

　釈迦の両脇に立つ仏像それぞれの両手に注目していただきたい。

なにか正体不明のウズラの卵のようなものを両手に一つずつ持っている。

顕真《けんしん》（平安後期の天台僧）はこれを「薬王、薬上」、つまり薬の玉と見做《みな》していた。

ほかに仏舎利説などもあるのだが、いずれもピンとこない。

それらは球状、花瓶状でいずれも容器の形状をしているのが常である。

似たような形状大きさの「薬玉」や「仏舎利」は筆者の知る限り他に例を見ない。

ポイントは脇侍二体が両手に一つずつ、一体につき二つタマゴみたいなものを持っていることである。

つまり大きさはともかく、脇侍は卵状の宝珠を合計四つ、持っているのである。

これは十種神宝の四つの珠、つまり神璽そのものではないのか。

法隆寺で最も重要視される金堂の中心に安置される御本尊が、神璽を持っているとすれば、そしてこの像が聖徳太子没後翌年に制作されたとするならば、聖徳太子と神璽が切っても切れない関係にあると当時の太子を知る人々はわかっていたことになるではないか。

もう一つのミステリアスな仏像、東院の救世《ぐぜ》観音も同様である。

明治に至るまで像全体が包帯でグルグル巻きにされており、実見を許されなかったことな

救世観世音菩薩
（内務省『Japanese Temples and their Treasures Vol.2』より）

どの理由により、法隆寺とは聖徳太子の怨霊を封じるために作った鎮魂の寺で、その象徴的な存在が太子自身を模して作ったという救世観音だという説も有名である。

この説に関しては、そもそも包帯で巻かれて秘仏になったのは十三世紀くらいだという事実から、怨霊を封印する目的で創建された寺、とする説はほぼ破綻している。

ただこの救世観音が聖徳太子等身像だということは七六一年の「東院資財帳」に、

上宮王等身観世音菩薩木造壹躯　金箔押
（上宮王つまり聖徳太子等身大の観音木像一体、金箔が貼られている）

と記録されており、事実である。

さて、この救世観音像が持っている宝珠に注目していただきたい。

これはまさに隋書にある「鶏卵状の如意宝珠」そのものに見える。

観音菩薩になった聖徳太子が持っているのは、神璽ではないのか？

先述したように、仏像で表現される宝珠はもっとミカンのように平べったく、先端が尖っている。

稀に野球ボールのように真球状のものもあるが、この像が持っているようなタマゴ型は極めて珍しく、調べた限りやはり他に例がない。

しかも「神璽」からは確かに「白雲」らしきものも上がっている。

一般的な仏像で宝珠から発しているものは「火炎」と呼ばれ、宝珠の側線に沿ってトゲが生えたように図案化されて表現される。

しかしこの救世観音の「火炎」は火炎というより、リアルな煙そのものだ。

これは先の「浦島子の玉手箱を開けた時に出た煙」や『続古事談』の「冷泉天皇が神璽の箱を開けた時上がった白雲」を連想させる。

この像もまた、東院の御本尊だ。つまり法隆寺とは、実は西院、東院ともに神璽を持っている仏像を御本尊として祀っている寺院だと考えられるのである。


ところでこの東院だが、元は法隆寺ではなく、上宮王院なる別の寺だったという。「法隆寺東院縁起」によれば、斑鳩《いかるが》寺が荒廃しているのを見て嘆いた行信《ぎょうしん》なる僧が朝廷に奏上し、天平十一（七三九）年に阿倍内親王が藤原房前《ふささき》に命じて建てられたという。

房前はこれに先立つ天平九年に死去しているが、着工または建設決定が死去前で、竣工が死去後の天平十一年だったと解釈すれば特に矛盾はないと思う。

上宮王院が法隆寺に吸収合併されたのは平安後期、上宮王院の院主職が廃止され、法隆寺別当がこれを兼務してからである。

この「神璽を持つ、聖徳太子を模した観音像を本尊とする上宮王院」を創建したのが藤原房前だというのは極めて暗示的である。第三章で考察しよう。

像自体は止利様式の特徴を多く持っており、おおむね太子生前か、さほど下らない時代、奈良時代（七一〇～）以前に作られたと認めてよいだろう。

ということは、上宮王院の創建に合わせて作られた仏像ではなく、おそらく元の法隆寺が火災に遭った際に無事搬出され、これをあらためて本尊として安置した可能性が高い。

いずれにしても聖徳太子を直接知る人々が作らせた仏像であろう。


つまり、太子等身像であるこの観音や、先述の釈迦三尊像の神璽は、どうみても太子自身の神璽に対する信仰なり思いを、その死後太子をよく知る人々がくみ取った像だと思うのである。

ただ、あくまで感覚的な感想ではあるが、救世観音は「日頃神璽を愛用していた太子を模したもの」とは思えない。

というのは、もしそうならば聖徳太子と神璽の関係についての記録があちこちに残っているはずだからである。

実際には『日本書紀』にも、聖徳太子の主要な伝記である『上宮聖徳法王帝説』や『聖徳太子伝暦』『上宮聖徳太子傳補闕記』の他、各寺院の伝承にも、太子と神璽のかかわりを残した記録は調べた限りまったく出てこなかった。

このこともあり、筆者には救世観音像はいかにも「太子が気の毒だから、せめて神璽を持った仏像を作りましょう」という風に見えるのである。

つまり「本当は太子こそが神璽を所有する資格がある」、あるいは「神璽を持っていればあんな運命ではなかったのに」という、当時の信奉者たちの共有した思いが凝縮され、具現化されたものが救世観音像なのではないか。

つまり、隋の使節にも「日本には青くて鶏卵状の如意宝珠があるぞ」と語り、そのとおりの宝珠を持っている聖徳太子像があるにもかかわらず、生前の聖徳太子自身は神璽を手にすることはなかったのではないかと思ったのである。

とするならば、当時の人々が、「聖徳太子」と「神璽」が不可分の関係にあると考えた別の理由があったのではないだろうか。

現世ご利益の珠

そもそも聖徳太子といえば日本仏教の祖である。

聖徳太子の妃、橘大郎女《たちばなのおおいらつめ》が侍女たちと共に作ったという「天寿国曼荼羅繍帳《てんじゅこくまんだらしゅうちょう》」に残された太子の肉声である「世間虚仮唯佛是真（この世は虚しく仮のもの、ただ仏のみこれまことなり）」の言葉に付きまとう仏教観や厭世観は、神璽とは対照的と言えるだろう。

というのもこれまで述べてきたように神璽は延命長寿や、恐らく皇位継承など極めて現世御利益の力を持つとされる珠であり、浮世の繁栄を否定する仏教とは真逆の価値観だといってもよいからである。

神璽が仏教の価値観と対極の存在だという認識は中世にもあったようで、例えば十四世紀の南北朝動乱を描いた『太平記』の一節、「日本朝敵の事」には以下のようにある。

……天照大神、この国の主と成つて、伊勢国御裳濯川《みもすそかわ》のほとり、神瀬下津岩根《かみがせしもついわね》に跡を垂れたまふ。

（中略）ここに第六天の魔王集まつて、この国の仏法弘まらば魔障弱くしてその力を失ふべしとて、かの応化利生《おうげりしやう》を妨げんとす。

時に天照大神、かれが障碍《しやうげ》をやめんために、われ三宝に近付かじといふ誓ひをぞなしたまひける。これに依つて第六天の魔王怒りをやめて五体より血をあやし、「尽未来際《じんみらいさい》に至るまで、天照大神の苗裔《べうえい》たらん人を以つてこの国の主とすべし。

もし王命に違《たが》ふ者有つて国を乱り民を苦しめば、十万八千の眷属朝《あした》にかけり夕べに来たつて、その罰を行ひその命を奪ふべし」と固く誓約を書いて天照大神に奉る。

今の神璽の異説これなり。


〈天照大神は、この日本国の主となり、伊勢国の五十鈴川のほとり、伊勢神宮にある磐座に降臨された。

ここに（魔界の帝王である）第六天魔王がやってきて、この国で仏教が広がれば我が魔力が弱まり、その力を失ってしまうとして仏教の衆生済度を妨害しようとした。

その時天照大神は、魔王の妨害を止めるため、自分は仏教に近づかないという誓いをされた。これによって魔王は怒りを鎮め、全身から血をしたたらせて言うには「未来永劫、天照大神の末裔を以て日本の君主としよう。もし勅命に逆らう者が出て、国を乱し国民を苦しめる者があれば、我が家来である十万八千の眷属《けんぞく》神たちが朝といわず夜といわず駆け寄って、その者に罰を与え殺す」と固く誓約書を書いて天照大神に献上した。

今の神璽がその誓約書だという異説がある――〉

仏教伝来以降、日本の神社は神仏習合によって仏教風の塔やお堂が作られ、僧侶が読経を読むことは当たり前の事であった。

ところが時代を超越して神社の頂点に君臨する伊勢神宮だけはかたくなに仏教を排し、僧侶は神域に立ち入る事さえ禁じられてきた。

平安末期の僧、西行は伊勢神宮で「なにごとのおハしますをば知らねども　かたじけなさに涙こぼるゝ」という有名な歌を残したが、これも神宮の境内ではなく、僧侶参拝用の場所が神域外にあったため、そこで詠んだ歌だという。

また、伊勢神宮に奉仕する皇女が暮らす「斎宮」でも仏教は排除され、例えば僧侶を「髪長」、仏塔を「阿良々岐《あららぎ》」などと言い換え、仏教用語を口に出すことさえはばかられたという。

このしきたりは当の伊勢神宮の神官たちにも謎だったようなのだが、この太平記の不思議な説は、鎌倉時代の『沙石集《しゃせき》』にもほぼ同じ内容が記録され、同時代の僧、通海《つうかい》も伊勢の神官から同じ話を聞かされたことを『参詣記』に残している。

ややだしぬけに見える第六天魔王の異説だが、これは伊勢神宮が仏教を忌む原因を、神ではなく魔王の仕業だと解釈することで、天照大神が仏教を嫌っているわけでもなければ排除しているわけでもないんだということにしておきたいという、当時の神官なり仏僧などの思惑が透けて見える。

言い換えれば実は天照大神自身が持つ意思を、第六天魔王という存在に仮託した説だと言えよう。

そして仮託した相手がよりによって六層ある欲界の頂点に君臨するという「第六天魔王」で、その誓約書とされているものが「伊勢神宮のご神体」である八咫鏡ではなく、なぜか御所に安置されている、伊勢とは直接関係がないはずの神璽になっていることはまことに象徴的な意味合いを持っていると言える。

というのも第六天魔王もまた、欲界・色界の頂点に君臨し、仏教の対極の価値観を持つ「快楽」や「浮世の繁栄」、「この世を賛美し」「人生を楽しむ」ことを肯定し、華美や装飾を奨励する象徴的な存在だったからである。

だからある意味、現代人から見れば第六天魔王は悪魔でも何でもなくまともな神のような存在にも見えてくるのだが、そこは中世である。

少なくとも表向き華美や快楽や繁栄は醜く汚らわしいこととして否定され、純粋な仏教が持つモノクロで地味で厭世観漂う価値観が尊いとされた時代なのだ。

その魔王が書いたもっとも重要な〝誓約書〟が他でもなく神璽だということは、とりもなおさず神璽が現世ご利益の象徴的存在だという認識が中世知識人の間にあったからではないのか。

この認識が第六天魔王と神璽を結びつけた原因なのだろう。

その現世御利益の最たる魔法の珠である神璽と、厭世観に満ち、浮き世の繁栄を否定する日本仏教の祖であるはずの聖徳太子とどう結びつくのだろう。

かぐや姫は帝に「不老不死の薬」を献上する
（「立教大学竹取物語絵巻デジタルライブラリ」より）

聖徳太子はかぐや姫の孫

その答えをはじき出すためには、またしてもおとぎ話から始めなければならない。

かぐや姫と言えば、貴公子や帝《みかど》の求婚をすべて断り、月に帰ってしまう古代のSFのような作品であることは周知のところである。

ところが鎌倉時代の僧、覚什《かくじゅう》なる人物が残した聖徳太子に関する一代記『太子伝記』では、姫は帝である欽明天皇の妻だったとしているのだ。

欽明天皇と三年を過ごした赫姫《かくやひめ》はある時、「自分は天界に帰らなければならない」と言い出し、別れを惜しむ帝に鏡と書付を渡し、寂しければ書付を焼いてください、その煙に私が映し出されるから、と言い残す。

そのとおりに書付を焼いたところ、本当に煙中に姫のまぼろしが出てきたので、帝はますます姫が恋しくなってしまう。

天上で気の毒だと思った姫は今度は「不老不死の薬」を帝に渡す。

しかし帝は姫がいないのであれば不老不死になっても仕方がないと、これを返納してしまう。そして、

されハ此かくや姫ハ太子乃御為にハ御祖母にてましまして是によりて二度まて富士へハ参り給ふなり

〈かぐや姫は聖徳太子の祖母であらせられたため、この縁によって太子は二度も(かぐや姫に縁のある)富士山へ参詣されたのです〉


と、にわかには信じがたいことが書いてあるのである。

そこで調べたところ、このストーリーは決して覚什の独創ではなく、似た伝承は駿河を中

心に残されていた。

常陸《ひたち》には「かぐや姫は筑波山に祀られていた欽明天皇の娘だった」という伝説が残されている。

やはり鎌倉時代になるが、『古今集爲家抄』には、

「欽明天皇の御代に、駿河国に竹取の翁という者がいた。

ある時竹の中に金色に輝く鶯の卵を見つけ、温めたところかぐや姫になったという。

そして帝はこの娘を后にした。三年の後、姫は自分が天女であることを告げ、帝に形見の鏡を渡して消えた」と書かれている。

富士周辺にはいくつかのバリエーションでかぐや姫伝説があり、中には姫が帝との別れ際に「不死の薬」が入った「箱」を置いていく、というのもある。

姫が帝に渡した鏡が焼けて、その煙にかぐや姫の幻影が映し出された、そしてその煙が富士山の噴火口から出る煙なのだ、という伝承も多い。

『太子伝記』では、鏡ではなく書付を焼いた煙の中に姫が出てくるという展開だったが、いずれにしても位の高い男性（それも天皇）が神女を妻にして三年を共に過ごし、別れ際に神女が渡したという不老不死の玉手箱を開けると煙が発生し、その中に乙姫の幻影が映し出さ

れた、という点において、先に見た浦島子の伝説と内容も道具《ツール》もほとんど同じである。

やはり鎌倉時代頃とされる『聖徳太子伝正法輪蔵』の中の一節「聖徳太子九歳口伝」には、「昔、欽明天皇ノ御時、駿河國ニ竹作ノ翁ト申ス者有リキ」とし、やはり鶯《うぐいす》の卵から「厳シキ姫君（おごそかな気品を持った女の子）」が生まれ、赫妃（これも「かぐやひめ」と読むのだろう）と呼ばれたという。

そして「天皇迎ヘ取リ御シテ、一ノ后ニ祝ヒ奉リ給ヒキ。寵愛極リ無クシテ、三歳ノ春秋ヲ送リ給ケレバ、御懐任（ご懐妊）有テ、厳シキ妃（姫）宮ヲ儲ケ奉リ給ヒキ」とある。

ここでも『太子伝記』と同じように、かぐや姫は欽明天皇との間に「厳しい姫」をもうけ、三年間共に過ごしたという。

伝承はかなりのバリエーションがあり、天武天皇の御代、桓武天皇の御代などとしているものもあるが、欽明天皇の御代、という伝承が多い。

一緒にいたのは三年というパターンが多いが、五年という伝承もある。

また、別れ際に「不老不死の薬」などを渡すパターンと、鏡やかんざしだけを渡すパターンとがあるが、古い伝承は不老不死の薬を渡すパターンが多い。

以上から、「おとぎ話」の元になったらしい伝承を最大公約数的に整理すると、

・欽明天皇の御代に、竹や富士山と関連が深い、出自がわからない美しい女性がいた。
・その女性は、欽明天皇の后になり、三年ほど一緒にいた。
・その間に天皇との間に気品のある女の子をもうけた。
・何らかの理由で、天皇と別れることになった后は、「不老不死の薬」を形見に残した。
・この「薬」は不老不死の力のほか、煙の中に幻影を映すことができた。
・しかし、天皇はこれを受け取らなかったか、いったん受け取った後返してしまった。

大体このあたりがかぐや姫伝承のオリジナルなのだろう。

ここからは大胆な推理になるが、この不老不死の薬は、「浦島子」と全く同じく不老不死

伝説を持つ神璽そのものではないのか。

神女が高貴な男性と三年の月日を共に過ごしたことや、別れ際に神女が不老不死の箱や薬を渡すこと、また煙が出てくるという点まで酷似しており、同じものを指しているとみなすのが妥当である。

一旦天皇（皇族）に献上され、また返納されたらしいことも神功皇后や浦島子の伝承とも非常に似ている。

史実として『記紀』を見ると、欽明天皇の后には蘇我稲目の娘堅塩《きたし》姫と、母方の小姉《おあねの》君《きみ》、さらに宣化天皇の皇女である石姫がいる。

娘をもうけたのは堅塩姫（推古天皇らを生む）と、小姉君（穴穂部間人皇女を生む）の二人である。

そして堅塩姫は聖徳太子の父方の祖母で、母方の祖母が小姉君とされている。

欽明天皇に「実はほかに妾がいた」のでなければ、この二人のどちらかが「かぐや姫」となるが、どちらだとしても、聖徳太子はかぐや姫の孫、ということになる。

そしてもちろん妾がいた伝承も根拠も一切ない。

ただ、この二人はいずれも出自は明らかで、二人とも蘇我稲目の娘のはずである。

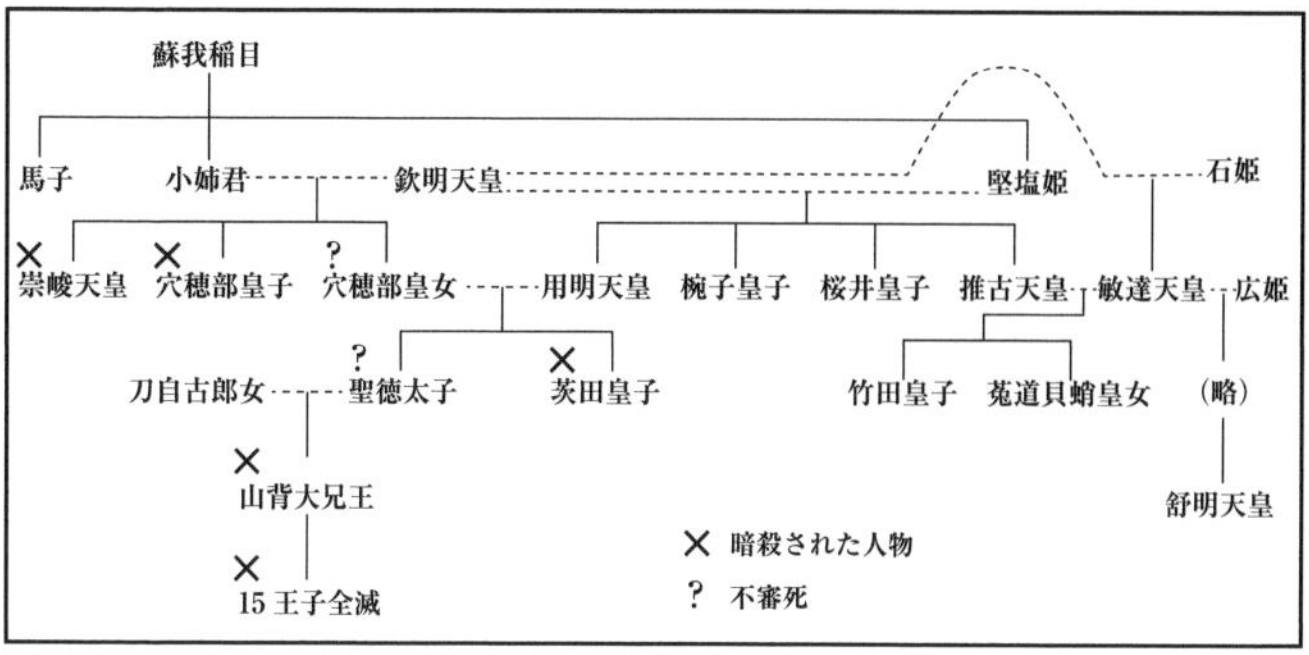

欽明天皇とその后妃を中心とした系図

だがここに『記紀』による、恐らくは意図的な隠ぺいがあるのではないか。

古来不審に思われているのが、この二人の末裔の運命がきわめて対照的であることで、堅塩姫の末裔の多くは朝廷の中央にあってその子孫も繁栄しているのに、小姉君の末裔のほとんどは蘇我氏に殺害されていることであろう。

小姉君もその子も孫も蘇我氏の血を濃く引いているはずなのに、どうしたわけか小姉君の子供ばかりが蘇我馬子と対立し、そのほとんどが殺されているのは極めて不自然と言わざるを得ない。

これにより、この二人が実は、実の姉妹ではないのではないかという説はあった。

『太子伝記』や『聖徳太子伝正法輪蔵』を読む限り、かぐや姫のモデルはやはり悲運の小姉君の方だろう。

つまり、小姉君は蘇我稲目の子ではなく、別の血筋を持つ養女ではないのか。

蘇我稲目は小姉君を養女とし、帝に輿入《こしい》れさせ、合わせて小姉君の一族が管理していた神璽を献上したとみることができるだろう。

ハッキリ言えば稲目が小姉君を養女にした目的は、神璽を手に入れこれを天皇に献上することで、天皇の信頼を完全なものにし、朝廷での権力を盤石たるものにしたかったがためではないだろうか。

とみれば、小姉君は神璽を持つ海人族の女性だということになる。

小姉君が蘇我稲目の実子ではなく、養女だったという推理は決して突拍子のないものではなく、第三章で述べるように藤原不比等はこの手法をそっくりそのまま真似たと思われるのである。

藤原氏は蘇我氏の手法を真似、最終的には蘇我氏は失敗し、藤原氏は成功した。

それが古代史の隠された真実なのだ。

異能の民・海人族

小姉君が海人族だったのではないかと思う間接的な証拠として、幼少時の聖徳太子は、母・穴穂部間人皇女《あなほべのはしひと》に連れられ、皇位継承戦争を避けるため海人族の拠点でもある丹後の間人《たいざ》に疎開していたという伝承をあげておきたい（間人の地名の語源はこの皇女の来訪からきているという）。

この伝承ではそれ以上の有力な記録がなく、そもそもなぜ彼らが間人に疎開したのかは謎とされているのだが、間人皇女が母親（＝小姉君）の実家を頼ったとみれば十分に納得がいく。

また、今まで調べてきた結果、海人族はなにかと異能の集団というイメージが強かった。

その娘である間人皇女は『上宮聖徳法王帝説』において「鬼前皇后《かみさき》」と異様な名で呼ばれている。古来日本人は異能の人物を神または神に近い人間として「鬼」扱いすることが多かった。

だから「鬼」と書いてカミと訓じていたようだ（平安時代の学者、大江匡房《まさふさ》によれば、その後彼らは姿も身分も隠すようになったため、鬼に「隠〈オン〉」の読みを与えたという）。

間人皇女は、異能の人物だという認識があった可能性は高い。

そしてその子の聖徳太子もまた、「兼知未然」――兼ねてまだ起きていないことを知ることができた――、驚くべきことに、今風に言えば〝予知能力があった〟と『日本書紀』にも書き残されているのだ。

ここから海人族＝異能集団＝鬼と呼ばれた人々、という図式が現れてくるのである。

そして先述したように丹後の浦島子伝承と、駿河など各地に残るかぐや姫伝承の、偶然ではありえない類似性を思えば、不老不死の玉手箱を浦島子に渡した乙姫と、不老不死の薬を欽明天皇に渡したかぐや姫自身は同じ出自だと考えるのが自然である。

また、丹後には『竹取物語』の原型を思わせる天女伝説が奈具《なぐ》神社や乙女神社に残っており、かぐや姫の名前の元となったという竹野神社もある。

先述したように、竹野神社の伝承によれば、九代開化天皇の后として、丹波の大県主《おおあがたぬし》で籠《この》神社の海部《あまべ》氏の系図に残っている由碁理《ゆごり》なる海人族の娘が創建したという。

ここで斎宮に選ばれる女子は久美浜町市場というところの日下部氏の娘だと決まっていたらしいのである。

日下部氏がこの地の海人族の首の一族だったことは、浦島子のところでも書いた。

これもまた天皇と海人族の親和性というか、同族性を思わせるが、おとぎ話のかぐや姫との類似性を古くから指摘されている。


というのも、『古事記』によれば竹野神社を創建した竹野姫という人物の子に大筒木垂根《おおつつきたりね》王《きみ》と讃岐垂根王なる人物がおり、大筒木垂根王の娘が迦具夜比売《かぐやひめ》という名だったからである。

そしてこの姫は十一代垂仁天皇の后になるのである。

おとぎ話ではかぐや姫は竹から生まれ、育ての親はおじいさんの讃岐造だった。

そんな理由から、この丹後にゆかりの深い系譜からおとぎ話の竹から生まれたかぐや姫、讃岐造といった名は使われたと言われているのである。

もっとも、垂仁天皇の時代は私見では三世紀半ばであり、欽明天皇の時代（六世紀）とはかけ離れているから、この伝承を史実の反映とみなせば、先の小姉君がかぐや姫だということにはならない。

ただ、前述のようにかぐや姫に求婚する四名の貴公子はいずれも奈良時代の貴族であること、特に〝もっとも嘘つきでずる賢い貴公子の車持《くらもち》皇子〟のモデルが藤原不比等《ふひと》だろうという説が江戸時代から唱えられていることを顧慮すれば別の見方もできる。

『竹取物語』が生まれた奈良時代から平安時代初期は藤原氏全盛の時代、あからさまに藤原氏を糾弾することなど不可能だった。

そしてその藤原氏は、正史から海人族の影を消す必要に迫られていた。『日本書紀』で小姉君があくまで蘇我稲目の子だった、とのみ記録されているのは、朝廷における海人族の影響力を書きたくない理由があったからだ。

とすれば『竹取物語』の作者が「小姉君が海人族だった」と証言することは不可能だったため、(奈良時代から見て) はるか昔の垂仁天皇の時代に、小姉君とよく似た系譜を持つ迦具夜比売なる海人族の女性の名を借りて、小姉君の史実を「おとぎ話」とした可能性は十分にあると思う。

垂仁天皇の后の迦具夜比売は、丹後の首長である海部氏宗家の一族だったから、その事実を利用し、「迦具夜比売」の名を借りて小姉君の人生を「物語」としたのではないだろうか。そしてかぐや姫が持っていたという「不老不死の薬」も、藤原氏の目を恐れ、神璽だと明言はできないから、これをほのめかすにとどめたのではないか。

この推理が正しければ、聖徳太子も穴穂部間人皇女も皇族であり、また神璽を奉斎していた海人族の末裔でもあるから、現世御利益あらたかな神璽については熟知していたに違いない。

丹後に疎開した時も、神璽については親族から確実に事細かく聞かされていただろう。ただ、太子伝記や駿河の伝承に残るかぐや姫のくだりをそのまま受け入れる限り、神璽は欽明天皇の時に海人族に返納されている。

この「使用後に海人族に返納する」パターーンは神功皇后や仁賢天皇の時と全く同じである。だから、太子は神璽の実物を見ていないかもしれない。四つある神璽だから確かなことはわからないが、太子とその子らは、どうしても手に入れたいと思った神璽を最後まで得ることができなかったが故、あの一族全滅という悲劇的な最期を迎えたと受け止められたのではないか。

それでも神璽が鶏卵状で青く、如意宝珠だ、という言い伝えは太子やその周囲の者はよく知っていたため、隋の使節に発言したのだろう。


神璽を手にすることがなかった太子一族はその後、母妻ともども亡くなり、これを哀れに思った信奉者たちによって作られたのが「釈迦三尊像」であり、神璽を持つ太子を模した「救世観音像」だったのではないか。せめて等身像に神璽を持たせることで、太子の霊を慰めたのだと思う。

ではなぜ太子は神璽を得ることができなかったのだろう。

当時の太子の権勢からすれば、海人族に命じて神璽を献上させることもできたのではないかとも思える。

残念ながら確かなことはわからない。

ただいささか判官びいきな筆者は以下のような太子の心情をイメージしている。

神璽の魔力は抜群だが、奪取されて箱を開けられると白煙が分散し、その効果は消えると考えられていただろう。

もしかすると太子は本当に戦乱を回避するために、あえて神璽を手放し、朝廷から完全に隔離させた可能性がある。

この頃神璽は延命長寿に使われていたというよりは、主に皇統の争奪戦に利用されていたのではないか。


先に筆者は浦島子の正体を二十四代仁賢天皇だと論じた。

彼もまた億計王と呼ばれた二十代の頃、凡海郷にいた乙姫こと斎宮から「玉手箱」、つまり神璽を渡されている。

おとぎ話の浦島太郎では、太郎が玉手箱を開けてしまい、せっかく乙姫が封印しておいた不老不死の呪術が解けてしまったと描いているのだが、実際にはその数年後、皇子は大和に帰郷し不可能と思われた皇位継承に成功している。

そして仁賢天皇自身は五十歳くらいで崩御しているから、神璽の魔力の一つ、「延命長寿」を祈禱したわけではないと考えられる。

これらの仮説はもちろん、神璽が「本当に魔力を持っている」という前提ではあるが、そう認識されていたからこそ、つまり祈禱が成就したと認識されていたからこそこの秘宝は権威を失わず、その後も天皇や皇族が欲したのは間違いがない。

つまり、この仁賢天皇もまた神璽を用いて施した「呪術」の中身は、皇位継承の成就だったのではないか。

伝承を観察する限り、神璽に込めることのできる願望は一つだけである。別の願望があれば、いったん蓋を開けて封印を解き、そこで新たな祈禱を施す必要があると考えられた。

神璽を手にして祈禱をすれば、自身と自身の子孫が皇位を独占することは可能である。しかし、そうすれば必ず別の勢力が神璽を奪おうとする。そうすると再び皇位継承戦争の種を作り、神璽をめぐっての争奪戦も巻き起こる。

それならばいっそ神璽を遠方の海人族によって完全に隔離させ、紛争の種を摘んだ方がいい。

そう考えたのかもしれない。

あるいは海人族たちも、小姉君の末裔がことごとく暗殺されているような状況では、神璽を易々と献上することは危険と判断したのかもしれない。

神璽をめぐって確実に争奪戦が繰り広げられることはわかりきっていたからである。

そしてここまで書いた結果、『日本書紀』をはじめとする正史が隠そうとした「二つ」のものがはっきりする。

もちろんその一つは神璽である。『日本書紀』では神話には八尺瓊勾玉について何度も登場するのだが、神武天皇以降は一切登場しない。

六国史で神璽が登場するのは『日本後紀』の記事で、平安時代の桓武天皇の子、五十一代平城天皇まで待たねばならない。

実際にはこれまで述べたように、天皇と神璽は切っても切れない重要な神器に違いなく、筆者が調べた限りでも神功皇后や仁賢天皇、そして欽明天皇の御代と何度も日本史の重要な折々に登場しているにもかかわらず、その史実が消されていることになる。

なぜか。それは神璽そのものが持つ「魔力」を隠したかった、ということもあるが、それ以上に天皇家と極めて親和性の高かった海人族の記録を消すために他ならなかったからだと思う。


海人族こそ正史が隠そうとした二つ目の存在ということになるが、神璽を奉斎していたのは海人族であり、海人族を語らずして神璽を語ることは不可能だ。

つまり奈良時代の国史が神璽の複雑な歴史を消したのは、海人族の存在を史実から消したいという思惑があったがため、ということになろう。


……ではなぜ海人族の歴史を抹殺する必要があったのか？

それは、「皇位継承戦争を終結させる」という大義の元に、日本の最も重要な存在を事実上消し去ることで、途方もない恩恵を被ろうとした人物がいたからである。

このことは最終章で述べるとして、次章ではいよいよ神璽が朝廷の手に取り戻されるまでの経緯を明らかにしてみよう。

第三章　そしてレガリアへ

藤原不比等（659 ～ 720）

奈良時代の貴族、中臣鎌足の次男。
事実上の藤原氏の祖。飛鳥時代の終わりから奈良時代のはじめに朝廷で大きな権力を握り、『日本書紀』、『大宝律令』、『養老律令』編纂の中心人物となった。
イラストは不比等をモデルにしたという奈良県法華寺の維摩居士坐像から復元した。

讃岐の玉取伝説

　ここからはいよいよ神璽が崇神天皇の御代に宮中から出されて以来、奈良時代に至ってついに引き戻され、三種神器の一つとして認知されるようになるまでの経緯を調べることとしよう。

　まず、香川県にある四国霊場の古刹、志《し》度《ど》寺に伝わる海女の玉取伝説である。

　その昔、唐に嫁いだ藤原鎌足の息女白光は亡き父の供養物として数々の宝物を兄の藤原不比等に届けようとしました。ところが、宝物を積んだ船が志度の浦にさしかかったとたん嵐が起こり、中国に二つとなき宝物「面向不背《めんこうふはい》の玉」が龍神に奪われてしまったのです。

不比等はこの玉を取り戻そうと、身分を隠して志度《しど》の浦へやってきました。ここで漁師の娘であった海女と恋に落ちたのです。〝房前《ふささき》〟という男の子も授かり親子三人で幸せに暮らしていました。しかし、不比等が志度の浦に来た理由を知った海女は、愛する夫のために玉を取り戻そうと死を覚悟で竜宮へ潜っていったのです。

海上で待つことしばし。海女の合図で命綱をたぐった不比等の前に現れたのは、見るも無惨な海女の姿でした。海女は間もなく、不比等に抱かれたまま果ててしまいました。しかし、玉は海女の命に代えて縦横に切った乳房の中に隠されていたのです。

その後、玉は奈良の興福寺に納められました。藤原家を継ぎ大臣にまで出世した房前は、やがて志度寺を訪れ千基の石塔を建立、小堂を大きな堂塔に建て替え、さらに法華八講を修めて、亡き母の菩提を弔ったということです。

（『さぬき市観光ガイド』より抜粋）


聖徳太子や弘法大師の伝説なら日本中にあるのだが、藤原不比等を主人公にした伝承が残されている例は珍しく、ここと後述する紀伊の海女伝説くらいしかない。

まず、正史においては鎌足に白光などという名前を持つ娘はいない。氷上娘《ひかみのいらつめ》、五百重娘《いおえのいらつめ》、耳面刀自《みみもとじ》といった娘はいたが、それぞれ天武天皇、同じく天武天皇、そして大友皇子の妃とされる。

この伝承では鎌足の娘が唐の皇帝に嫁いだとされるが、唐の皇帝に日本の貴族の娘が嫁ぐ動機なり原因が全くない。

したがって、この伝承をそのまま肯定できないことは言うまでもない。

面向不背玉は康平三（一〇六〇）年、興福寺の火災によって焼失したと思われたが、昭和五十一年に琵琶湖に浮かぶ竹生島《ちくぶしま》の宝厳寺《ほうごんじ》でそれとされるものが発見された。

水晶玉をくりぬき、四方に小さな仏像を配置し、どこから見ても像が正面を向いて見えるからこう呼ばれる、精緻で見事な工芸品である。

たいしよくわん（大織冠、寛永年間）
（「国立国会図書館デジタルコレクション」より）

鎌足
｜
不比等
├ 武智麻呂（南家の祖）― 仲麻呂
├ 房前（北家の祖）― 真楯 ― 藤原氏嫡流
├ 宇合（式家の祖）― 広嗣
└ 麻呂（京家の祖）

ただ、周知のように興福寺には面向不背玉に勝るとも劣らぬ宝物が数多くあり、歴史的に見ても、工芸品としてみてもこの玉が特段重宝されていたわけではない。

最大の問題はこの伝説にある房前の母が、正史にある蘇我《そがの》娼子《しょうし》ではなく、名もわからぬ讃岐の海女としている点である。史実としてどこまで検討に値する伝説なのかむずかしいところではあるが、この説を一定史実として認めた場合説明できないのは、朝廷や藤原氏が稀な宝として重視しているわけでもないこの面向不背玉を「竜神」から取り戻すために、不比等が海女を妻としたあげく、生まれた子供を四名もいた自身の後継者の筆頭にしたことである。

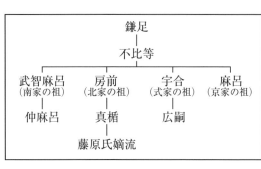

この房前こそ、藤原北家と呼ばれて後世日本貴族の筆頭とされる藤原氏の祖となった人物なのである。

したがって、菅原道真《みちざね》を左遷させた藤原時平《ときひら》も、「この世をば、我が世とぞ思ふ」と詠んだ藤原道長も、ムカデ退治で有名な俵藤太《たわらとうた》（藤原秀郷《ひでさと》）も、先に出た鎌倉時代随一の学僧慈円も、羽柴秀吉を猶子にした近衛前久《さきひさ》も、はては明治の三条実美《さねとみ》も皆房前の子孫なのである。

だから男系以外もすべて入れれば、皇族も房前の子孫ということになる。

不比等がそんな重要な後継者を、血筋もわからぬ田舎の海女の子に託すというのはよほどの理由がなければならないが、面向不背玉にそこまでの魅力があったとはどうしても思えないのである。

室町時代発祥の舞曲である「幸若舞」のうち、「大織冠」では面向不背玉ではなく「無価《むげ》宝珠（二つとない宝珠）」となっており、玉の名自体も様々だったようだ。

不比等が讃岐でなにやら玉を得た、という伝承があり、当時興福寺の寺宝の一つとして面向不背玉があることが知られていたのであれば、自然と〝讃岐の玉〟が〝面向不背玉〟と結び付けられた可能性はあるだろう。

事実、藤原氏にとって最も重要な宝物は興福寺に他の宝や仏像と共に安置されていた面向不背玉ではなく、「朱器台盤《しゅきだいばん》」と呼ばれる漆塗りの食器だったことはよく知られている。

朱器台盤は代々の藤氏長者（公的な藤原氏のトップ）が継承するレガリアで、いわば「藤原氏版三種神器」のような位置づけだったという。

先述のように面向不背玉は興福寺の火災によって紛失しているが、この時特段藤原氏や朝廷が動揺したという記録がない。

一方、朱器台盤は一説に平安時代初期の藤原冬嗣から始まったとされるが、『小右記《しょうゆうき》』には永延元（九八七）年正月十九日条に、

参摂政殿、□大饗〈用朱器大盤〉、……

〈摂政である藤原兼家が正月の大饗を行い、ここで朱器大盤を使用した〉

（「史人」第6号　渡邊誠　広島大学大学院教育学研究科　向井研究室）

との記述があるから、遅くともこの時には藤原氏最高の「霊宝」として珍重されていた事は間違いがない。

「新長者」が就任すると、新天皇践祚の折に行う「剣璽等承継の儀」を模した「朱器渡りの儀」なる儀式が行われ、うやうやしく新長者はこれを受けていたという。

つまり、面向不背玉が興福寺に現存していた時さえも、藤原氏はこれを最重要視はせず、あくまで（おそらくは天皇に下賜されたものだろう）朱器台盤を筆頭にしていたことになる（なお、朱器台盤は鎌倉時代末期になると長者の継承に使われなくなっていったとみられ、ついには散逸してしまったという）。

以上から、この伝承のもっとも重要なツールである「竜神に奪われた宝」は、面向不背玉ではないと思う。

もちろん、乳房の中に玉を隠して云々……なる悲話も、子の名前である房前（房裂き）から連想された後世の付会に過ぎない。

では、この伝承はまったくの創作かといえば、そう簡単には断定できないのも事実だ。

この伝説は志度寺縁起の一つであり、志度町には、海女が玉を取り上げたという真珠島（今は埋め立てられている）、伝説が色濃く残る天野や玉浦、房前といった史跡と地名が残っている。海女の命日の旧暦六月十六日には毎年十六度市という市が立つ。

志度寺は推古天皇三十三（六二五）年、海人族の凡園子《おおしそのこ》なる人物が霊木を刻み、十一面観音像を彫り、精舎を建てたのが始まりと言われる四国霊場屈指の古刹であり、海人族の影が色濃く根付いている土地柄である。

海人族といい竜神から玉を取る伝承といい、何より竜神から玉を取った人物が藤原不比等といい、筆者が想定する様々な条件に整合しすぎている。


つまり志度寺にあった玉は「面向不背玉」などではなく、ズバリ神璽そのものだったとしか思えない一致なのである。

というのも、後で述べるように、藤原不比等こそ神璽を三種神器たらしめるきっかけを作ったその張本人だからである。


さらに第二章で筆者は、『日本書紀』を作った権力者は、神璽と海人族の史実を極力消してしまった、と予言した。

そして『日本書紀』が完成した当時の権力者といえば、他でもない藤原不比等その人である。

つまり藤原不比等とは海人族から神璽を得た張本人であるにもかかわらず、海人族と神璽の正体をひた隠しにした当事者でもある、と思われるのである。

いずれにせよ藤原不比等が、その権力と財産のすべてを賭けても手に入れねばならぬ宝といえば、間違いなく神璽をおいて他にはない。

もちろんその所有者が「海女」だということも、宝の正体を神璽と見る理由の一つだ。

不比等はある筋から、神璽が讃岐の海人族の預かるところであることを知り、全身全霊を以てこれを奪取することに賭けた。

ただ、伝承を見る限り不比等はだまし討ちをしたり、兵力でこれを奪うのではなく、恐らくは現地の海人族が望みのすべてを与えることで、いわば平和裏にこれを奪取することに成功した。

それが讃岐の玉取伝説の真相なのではないか。

この玉が単なるジュエリーや工芸品の類ではなく、もっとはるかに重要なもの――つまり神璽――だったのではないかと推測する所以は、藤原鎌足・不比等の子孫が作ったという、群馬県邑楽町《おうらまち》にある「玉取神社《たまとり》」にも以下のような縁起伝承が記録されているからである。

創建は天長二（八二五）年、父民部介藤原信綱が所領していたこの地を開いて藤原綱義（大栄師）が建立しました。

……その故は祖先の鎌足公が房崎の浦で竜宮から玉を取り得て日本の宝としたので、鎌足を玉取明神として尊崇したという伝説によって、玉取明神は大栄師の祖先にあたるので勧請したのです……

（神社の立て看板より抜粋）

玉を取り得たのが不比等ではなく父親の鎌足となっているが、「房崎の浦」なる地名と言い、竜宮にある玉という表現といい、明らかに讃岐の志度寺の伝承のことを言っている。

そしてその玉は「日本の宝となった」ということで、面向不背玉ではもちろんない。鎌足や不比等の百年程度の子孫である綱義なる人物の創建というだけあって、彼はそれが神璽であることを知っていたのではないか。

これはそう判断するしかない縁起と言えよう。

ただ、どうやら神璽は讃岐の一か所にのみ温存されていたわけではないらしい。

もう一つ、似た伝承が紀伊にも残されており、ここにあった秘宝も藤原不比等が持てる権力と財産を駆使し、遂に手に入れているのだ。

道成寺（和歌山県日高川町、筆者撮影）

紀伊の髪長姫伝説

今から一三〇〇年前、九海士《くあま》（現在の和歌山県御坊市湯川町下富安）の村長に娘が生まれましたが、髪の毛が全く生えませんでした。

時を同じくして、九海士の入り海に光るものが現れ不漁が続きました。髪の無い娘の母が海底に探りに行くと、小さい観音様が光り輝いていました。命がけで海底から引き揚げ、毎日拝んでいると、娘にも髪が生え始め、村人から「かみなが姫」と呼ばれる美少女に成長しました。

その姿が都人の眼にとまり…中略…かみなが姫は藤原不比等の養女として奈良に召し出され、宮子姫という名を貰い、宮中に仕えることとなりました。

宮子姫は、その美貌と才能を見込まれ、持統天皇十一（六九七）年に文武天皇の夫人に選ばれました。

（「道成寺《どうじょうじ》」ホームページより抜粋）

この伝承は、やはり故梅原猛が「朝日ジャーナル」に発表し、広く知られるようになった。梅原氏によれば、道成寺はこの小観音像を本尊として、文武《もんむ》天皇の勅願により創建されたのだろうという。

江戸時代の「紀道大明神縁起」や「道成寺考」によれば、海中より出現した霊像は一寸八分（五センチ四ミリ）とあり、伝承上もやはり手のひらサイズの黄金像だという。

だが、小観音像は現存しないどころか、確認できる記録さえまったくない。

ただ、昭和六十二（一九八七）年、秘仏とされてきた本尊である千手観音の体内から、火災でなかば朽ち果てた奈良時代の千手観音のクスノキの木像が発見され、これが道成寺の当初の本尊だろうと見られているのである。

しかしこの奈良時代の像は木像の上、八尺二寸（二四八センチ）もある巨大なもので、明らかに伝承の〝海底に光っていた小観音〟とは言えない。

伝承自体は海人の娘のところに藤原不比等が登場し、藤原氏の一員とされたことと、海にある謎の宝が登場する、という点では先述の讃岐の玉取伝説とほとんど同じである。

道成寺伝承ももちろん史実とは認められていないのだが、梅原氏はこの伝承は事実だとし、おそらく文武天皇が紀氏の竈門娘《かまどひめ》（文武天皇妃）の侍女として出仕していた宮子を見初めて夫人とし、首皇子《おびとみこ》（聖武天皇）を産んだ後、藤原不比等がこの首皇子の外祖父となるために宮子を養女にしたのだろうと推測している。

宮子が海人の娘だった証拠に、彼女が不比等の娘だったにもかかわらず、他の後宮二人が「妃」だったのに対し、不自然に一ランク低い「夫人」だったことも挙げている。

この梅原説は一応ストーリーとしては筋が通り、説得力もあるのだが、宮子が竈門娘の侍女として宮中に出仕していたという根拠があるわけではない。

またこのことはのちに述べるのだが、宮子は首皇子を産んでからというもの、精神的病を患い一度も息子に面会することがなく、初対面は実に三十六年後のことであった。

梅原氏は、これを「不比等と不比等夫人の橘三千代が宮子と首皇子を引き離したためだ。

不比等はそうすることによって自身の孫である安宿媛《あすべひめ》（光明皇后。のちの聖武天皇皇后）と一緒に育てることで、実際には血のつながりのない孫・首皇子と後に結婚させようと企んだのだろう」と述べている。

つまり宮子は首皇子と引き離されたがために精神的病を患ったというわけだ。

しかし、宮子と聖武天皇が初面会したのは七三七年なのだが、それよりずっと前、七二〇年に不比等は死んでいる（橘三千代は七三三年に死去）。

不比等の力によって二人が顔を合わせられなかったとするのは、時系列的に説明がつかない。しかも七二四年には首皇子は聖武天皇として即位している。

最高権力者となった聖武天皇が外的な圧力によって七三七年まで母親に面会できない理由はまったくなかったと言えるだろう。

ここはやはり続日本紀に書いてあるとおり、宮子が一度も首皇子と顔を合わせることができなかったのは、初めから宮子の精神的病が原因だったと見た方が自然である。

かといって「『続日本紀』には道成寺にあるような伝承は書かれていないのだから、全部嘘である」などと野暮に全否定するつもりも毛頭ない。

むしろ梅原氏の説は正史や常識とされた学説にとらわれずに、緻密な研究と自由な発想によって歴史の真実により迫る鋭い着眼点だと評価せねばならない。

ただ梅原氏の説に従うと、道成寺の宮子姫伝承の中核をなす「小さな黄金の観音像」が、朝廷や藤原不比等、また宮子自身にとってもほとんどまったく存在意義を持たないことになってしまう。

道成寺でははっきりと黄金の観音像の存在の重要さと、宮子との不可分の関係性を強調しているのに、である。

筆者はやはりこの黄金像が不比等の行動原因の中核を為していると確信している。


筆者は何より志度寺との類似性が気にかかる。

伝説に出てくる宝が志度寺は「面向不背玉」であり、道成寺は「小さな観音像」という違いはあるものの、海女が海底から「お宝」を手に入れ、そこにメジャーな「聖徳太子」や「弘法大師」などではなく、なぜか両寺とも（どちらかと言えば人気のない）「藤原不比等」が登場し、結局のところ海人の娘は不比等の妻や娘となり、その子供は宮中のやんごとなき血筋の者になる、という点で酷似していることは無視できない。

そこには単なる伝承を超えた重大な真実が潜んでいるのではないか。

さらに言えば、宮子の故郷であるという九海士の里の名は、かの神功皇后が紀州日高の水門で応神天皇を出産し、都に帰還する際、功あった兵士九人に日高の地を賜った故事によるという。つまりは海人族の拠点だったわけだ。

「海女」「海底の宝」といったキーワードは一致しているのに、その宝が全く違うものだということに、むしろ不比等や朝廷側の作為を感じて仕方がないのである。

不比等は、確かに志度寺にも道成寺にも実際にやってきて、そこの海人が持つ宝を譲り受けたが、その宝の正体を隠そうとしたのではないだろうか。

能楽の演目の一つに「道成寺」があるが、五〇〇〇年前以前の素朴な姿を留める「黒川能」は今も山形県鶴岡市櫛引で演じられ、その中の演目「道成寺」では、他の能では残されていない言葉を今に伝えていることを梅原氏が引用している。

そもそも紀州日高の郡《こほり》、小松原といふ所に、ひとりの海《あま》の子候らひしが、孝行深き海に被《かつ》きを業《わざ》とし、山に入りては塩木《しほき》を運び、父母を育みけるに。

諸天の加護やこれならん。ある日被きをしけるに、そことも知らぬ潮合ひの、波底に光る物あり。怪しく思ひて採り上げみれば木像の、かくまんじゅの今こそは、仏とも観音とも拝みなされしその形、尊く思ひて我が家に帰り草壁《さうへき》の、わずかなる内に安置し、花香《はなかう》を供へける程に——

とある。

海人の子が海底に光る、木造の仏とも観音ともつかぬ何かを発見した、という点は伝承とある程度は一致しているのだが、ここではそれが形容詞とも名詞ともつかない意味不明の「かくまんじゅ」だ、とも言っているのである。

梅原氏はこれを木の神、「楠神」の意味ではないかと論じている。

道成寺の元の本尊はクスノキでできているからである。

だが、筆者がこの言葉の響きで思い出すのは山幸彦が竜王から、あるいは神功皇后が安曇磯良から得たという、神璽の別名ともいえるあの「潮干珠、潮満珠」である。

この玉は総称して干満珠——カンマンジュ——とも称されることがあるのだ。

この櫛引町から日本海沿いに北上すると、秋田県に蚶満寺《かんまんじ》という古刹がある。名の由来は仁寿三（八五三）年、天台座主円仁《えんにん》が神功皇后の伝説により〝皇后山干満珠寺《こうごうさんかんまんじゅじ》〟と称したことからといい、この名は皇后が「干珠、満珠」を持っていたことに由来するという。

東北の日本海側でも、やはり神功皇后ゆかりの玉、つまり神璽がカンマンジュと呼ばれていたことを示す確かな記録である。

単なる偶然で似た単語が出ただけかもしれない。

ただ、「海から揚げられた小観音像」なるものは確かに元から道成寺にも朝廷にも存在しない。

海人族が秘蔵していて、藤原不比等がその持てる財産と権力を駆使し、全力で手に入れた秘宝。

道成寺の、宮子の実家が所有していた秘宝の正体も神璽だった、としか思えないではないか。

〝不比等がやってきて、何やら海人と交渉し、宝物を得たらしいことと、海人の娘に途方もない地位を与えたこと〟――までは実際に人々に目撃され、確認されたであろう。

だからこの事実は隠しようがなかったが、その宝物の正体が何なのかは朝廷も海人の両親も頑として語らず、当時の人々にはそれ以上のことはなんだかよくわからなかったのではないか。

だから人々はその宝を何となく当時興福寺にあった面向不背玉だの、実物が存在しない小観音像ということにしてしまい、それが伝承になっただけではないのか。

このことは、神璽を持っていた海人族たちが、一切他言せずに極秘に預かっていたことを示している。

そして不比等は玉を譲り受けることと、このことを口外しないことを約束させる代わり、海人の娘に最高の栄誉と財産を与えたのではないか。

志度寺の海人の娘はその後千年続く藤原氏宗家の母となり、道成寺の海人の娘は皇后となり、遂に天皇の母となった。これ以上の栄誉はありえず、不比等がその権力を出し惜しみせず、偽りもせず全力で「宝」を得るために努力したということが理解できるではないか。

讃岐の志度寺の海人が、あるいは紀伊の道成寺の海人が秘蔵していた宝の正体は、神璽だった。

そして藤原不比等はその情報を何らかの方法でキャッチし、ついにこれを回収することに成功した――。

神璽は本体が四つあるから、二か所に分散されていたとしても何ら不思議ではない。

第二章で述べたように、不比等は蘇我稲目《いなめ》の故事を模倣したのだと思う。

蘇我馬子の父、稲目は海人族の娘である小姉君の一族が持つ神璽を得て、これを天皇に献上することで権力基盤を盤石にしようと試みた。

そこで考えたのが小姉君を養女にして、さらに天皇に嫁がせることで十分な恩恵を与え、その見返りとして海人族が命より大切に扱っていた神璽を得ることに成功したと考えられる。不比等は稲目と全く同じ手法を用い、成功したのだ。

ただ、紀伊の神璽に関してはもっと掘り下げる必要がありそうである。

ここで、聖武天皇の母、宮子に関する正史はどうなっているのか見てみよう。

文武天皇の不思議な歌

『続日本紀』によれば、大宝元（七〇一）年、藤原不比等の娘宮子は文武天皇との間に首皇子《おびとのみこ》（後の聖武天皇）を生む。しかし、

皇太夫人幽憂《いうい》に沈み久しく人事を廃《や》むるが為に、天皇《すめらみこと》を誕《あ》れましてより曾《かつ》て相見《あいまみ》えず（同）。

つまり、宮子は心的病気を患い、正常な日常を送れなくなったがために、自分の息子である聖武天皇が生まれて以来、一度も対面することがなかったという。

しかし天平九（七三七）年、僧玄昉《げんぼう》の祈禱によって一気に回復し、すでに即位していた聖武天皇との対面を果たしたという。

いかにも深刻な事情がありそうな記録である。

これによれば宮子は朝廷においてあまり幸せではなく、誰とも会えない状態となってし

まっていたらしい。

宮子の病は先の伝承と合わせて考えた時、紀伊の海人族の娘である宮子の両親と、藤原不比等の間で何らかの密約があり、宮子自身の意思とは関係なく突如慣れない朝廷に輿入れさせられた結果、地位の低さやしきたりの知識のなさから、やたら気位の高い貴族女性たちから白い目で見られ、完全に周囲から孤立していたのではないかと勘繰ってしまう。

ここで一旦時系列を整理しておく。

六七九　この年、宮子、紀伊の海人夫婦の娘として生まれるという（道成寺の伝承）。
六八一　藤原房前生まれる（つまりこの頃、不比等は讃岐の志度寺付近で、海人から神璽の〝半分〟を得ることに成功していると考えられる）。
六八三　軽皇子《かるのみこ》（後の文武天皇）生まれる。
六九七　宮子が即位直後の文武帝に嫁ぐ。

七〇一　この時宮子は「夫人」で、他の二人の妻（紀氏と石川氏）の称号「妃」より低かった。
三月　丹後で三日間地震が続き（『続日本紀』）、凡海郷は海に沈んだ（『丹後国風土記』逸文）という。
九月　文武帝、十月まで紀伊巡幸。武《む》漏《ろ》の湯（白浜の温泉）まで行ったという。
道成寺の伝承によれば、この年、文武帝によって寺が建立されたという。
またこの年、首皇子《おびとのみこ》（聖武天皇）が生まれたという。
しかし宮子はなぜか心を病み、この後皇子と一切対面しなくなった。

七〇七　文武帝、崩御。文武の母親がまだ幼い首皇子に代わり、即位（元明天皇）。

七一〇　平城京遷都。

七一三　文武帝の二人の妻である石川、紀氏の女から嬪の称号をはく奪。

七一四　首皇子、立太子。

七一五　元正天皇（文武天皇の姉）、即位。

七二〇　藤原不比等、死去。『日本書紀』成立。

七二四　首皇子、即位（聖武天皇）。宮子、「大御祖《おおみおや》」の称号を得る。

七二九　長屋王の変。

七三五　玄昉、遣唐使から帰国。同年道成寺にやってきたという（道成寺の寺伝）。

七三七　不比等の息子の四兄弟、天然痘で相次いで死亡。

七三七　宮子、玄昉と面会するなり三十六年ぶりに回復し、息子の聖武天皇とも面会。

七四〇　聖武天皇、恭仁京《くにきょう》に遷都。

七四三　東大寺建立の勅命。

七四四　都を難波京に遷都。

七四五　都を平城京に戻す。

七四九　聖武天皇、娘の阿倍内親王（後の孝謙・称徳天皇）に譲位。

七五四　宮子、薨去。

七五六　聖武天皇、崩御。

『続日本紀』によれば、宮子は六九七年に文武天皇の元へ輿入れしているが、少なくとも七〇一年以前、まだ紀伊の神璽は海人の手にあったのだろう。

なぜなら天皇の妻といえども今のままでは宮子は「一貴族の娘」に過ぎない。

というのも、この時点では海人の娘である宮子はまだ文武帝のほかの二人の妻の身分である「妃」より低い「夫人」で、男児を生まなければそのまま忘れられる運命だったからである。

だから、宮子自身の地位が今後どうなるのかは誰にもわからなかったからだろう。


しかし男子を生めば運命は変わる。その子は必ず皇位に就く。

不比等はそう約束していたに違いない。

事実、讃岐の玉取伝説の主役である海女も不比等の息子である房前を生み、不比等はその子を藤原氏の後継者とすることを確約することで、神璽を得ることに成功しているのである。

だから宮子がただ文武天皇に輿入れしただけでは神璽を手渡す条件としては不十分だった

宮子が居住していたという海龍王寺（奈良市）には、宮子在世時である奈良時代の五重小塔（国宝）が残る。宮子もこれを眺めていたのだろう。（筆者撮影）

のは当然である。

これだけで神璽を渡してしまえば、その時点で宮子は用なしとなり、宮中で疎んじられる存在になるか、下手をすると追放されるかもしれない。

しかし、男子を産めばその子は少なくとも皇族男子である。

母親の身分さえ上げることができれば、皇位を継承することもできる。

飛ぶ鳥を落とす勢いの不比等の娘となって男子を産んだということになれば、それは現実的に可能である。そうなると生涯宮中で高い地位を得、娘である宮子の人生は約束される――。

宮子の夫文武天皇は、まさに宮子が男子を産んだその年、七〇一年の九月から十月にかけて紀伊に巡幸している。

これは、宮子が男子を生んだため、約束通り彼女が国母になることを確約する、そのために不比等の養女とする報告をすることが一つの目的だったろう。

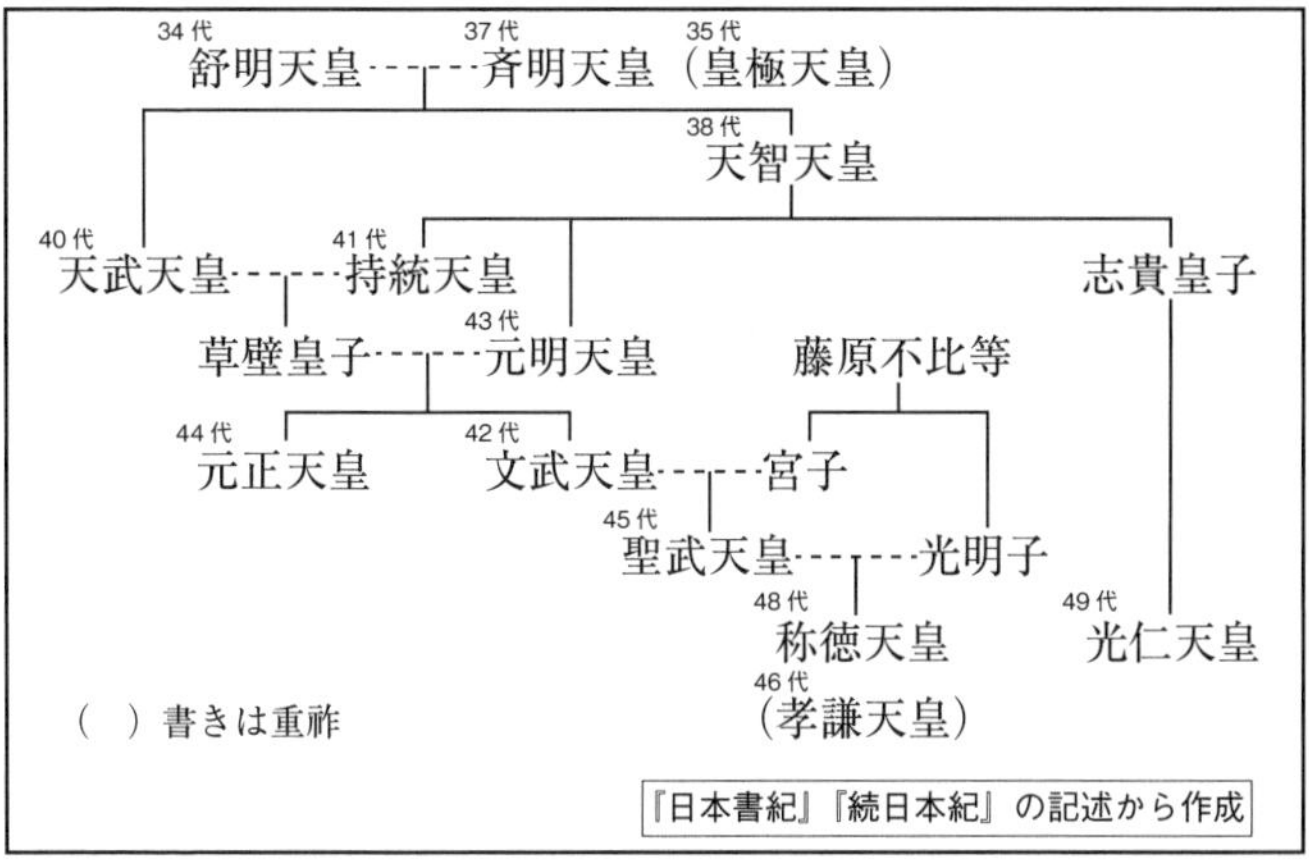

そしてもう一つの目的は、もちろん約束通り宮子の両親が神璽を差し出すことである。

また、海人族が命を賭して守ってきた神璽も、宮子の夫から息子へ継承される――つまり皇位継承のレガリアとして成立する――ことが確約される。

こういった言わばギブアンドテイクの約束を果たすため、不比等は満を持してこの紀伊巡幸に同行したはずである。

両親は興奮したに違いない。無理もない。

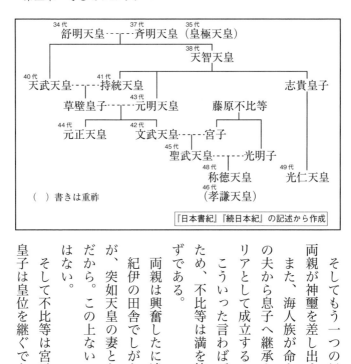

紀伊の田舎でしがない海人暮らしをしている家の娘が、突如天皇の妻となり、そして国母となるというのだから。この上ないシンデレラストーリーというほかはない。

そして不比等は宮子が男子を生んだこと。生まれた皇子は皇位を継ぐであろうことを報告し、歓喜に打ち震える両親から、約束通り平和裏に神璽を回収することに成功したのだ——。

先に筆者は文武天皇が竈門娘の侍女として出仕していた宮子を見初めて結婚し、後に男子が産まれたために藤原不比等が宮子を養女にしたとする説には無理があると指摘した。

しかし、宮子の両親と不比等の間に将来「娘である宮子が男子を産めば、その子を天皇にする」という約束がなされ、その際には宮子の地位を引き上げる必要があるから、不比等の養女とするであろうこと、そして引き換えに両親は神璽を朝廷に差し出すという密約があった、と考えればこれは十分不比等も宮子の両親も飛びつく契約内容である。


だがこれはかえって宮子の精神を蝕《むしば》んだのだろうか。

首皇子を生み、夫天皇が故郷の紀伊に巡幸して神璽を得たまさにその時期、宮子は病んでしまい、息子にあうことさえなくなってしまったというのである。


つまり、想像を絶する嫉妬と怨嗟《えんさ》が宮子に集中し、孤立を深めたのだろうか。

「この子さえいなければ、わたしはここまで怨嗟に囲まれることもなく静かに暮らせたのに……」という思いがこのような病を引き起こしたのでは——。

そのように思ったのだが、色々と調べてみると、事実はこの推理とは異なり、しかももっと複雑なようなのである。

文武天皇は、七〇一年の紀伊巡幸の時に歌った、あるいは歌われたという和歌が『万葉集』に残されている。

大寶元年辛丑冬十月、太上天皇　大行天皇の紀伊國に幸しし時の歌十三首

妹《いも》がためわれ玉求む沖邊なる白玉寄せ來沖つ白波　巻九―一六六七
白崎は幸く在り待て大船に眞《ま》楫《かじ》繁《しじ》貫《ぬ》きまたかへり見む　巻九―一六六八
三名部の浦潮な満ちそね鹿島なる釣する海人を見て歸り來む　巻九―一六六九
朝びらき漕ぎ出でてわれは湯羅の崎釣する海人を見て歸り來む　巻九―一六七〇

（以下略）

〈七〇一年、持統太上天皇、文武天皇が紀伊国に巡幸された時の歌十三首

白崎（和歌山県由良町、筆者撮影）

妻のため、われは玉を求めている。沖の白玉よ、白波に寄せられてやってこい

白崎《しらさき》よ､元気で待っていろよ､わたしは大船に乗ってまた帰って来るから

三名部《みなべ》の潮よ、満ちてしまわぬよう。鹿島《かしま》で釣りする海人を見て帰って来るぞ

朝早く船を出して、私は由良の岬で釣りする海人を見て帰って来るぞ（以下略）〉

これらの歌の作者は明示されていない。

しかしこの歌は明らかに、文武天皇または文武天皇の心情を忖度《そんたく》して臣下が詠んだとみなしてよいだろう。

『万葉集』にはそのような歌は多い。

『万葉集』がここで「御製（天皇の歌）」だと書けなかったのは、そう書いてしまうことが藤原氏に目を付けられる危険な行為だったから、ということかもしれない。

『万葉集』は藤原氏と対立していた橘諸兄《たちばなのもろえ》が編纂しているという説が有力視されているが、彼がこの歌を残すことで、後世に真実を伝えようとしていた可能性は高い。

これらの歌に出てくる「白崎」も「由良の崎」も道成寺に近く、巡幸の経由地であり、「三名部の浦」も道成寺よりさらに奥（南）にあるが、周辺の港町である。

文武天皇（または文武帝の心情を臣下が歌った歌）は〝欲しかった海底の玉が得られないことを嘆いた〟あと三首連続で海人を見ながら「帰り来む」、つまり「もう一度ここに帰って来るぞ」と繰り返しており、この地によほど心残りでもあったかのようだ。

文武天皇がこの時歌った妹《いも》とはこの場合、やはり四年前の即位直後に嫁いだ妻の宮子の事だろうと思う。

これを見る限り、大宝元年の時点でも、どうやらなお神璽はまだ文武帝の手にはなく、紀伊の海人の手にあったように思えるのである。

そして「また帰り来む」とは、結局神璽を手に入れられずに都へ戻る時の心情を表現していると解釈できる。

この行幸には当然不比等や、おそらく房前も同行したと思われるが、この歌は文武天皇もまた宮子が実は紀伊の海人の娘であり、その故郷の両親が神璽を持っていると知っていたとしか思えないような歌である。

もっとも宮子は文武天皇が愛した妻だから、宮子も天皇を愛し信頼もしてすべてを語っていたのだろう。

だからこれは当然のことである。

にもかかわらずこの七〇一年の時点ではまだ、紀伊の海人は、神璽を不比等に譲渡していないとも受け取れるのである。

この成り行きと宮子の病気とその回復、そして神璽の行方がどうつながるのか。

なぜ宮子は病んだのか

そもそも宮子は何が原因で心を患ってしまったのだろう。

紀州かみなが姫の伝説によれば、「宮子は朝廷に嫁いだ後も、故郷に残した海底の観音様のことが気になり、忘れられない。

それでこのことを養父の不比等に話すと、不比等はそれを帝（文武天皇）に申し上げ、道成寺が作られた」という。

そして道成寺建立が本当に文武天皇の勅願だったらしいことも近年の調査でかなり真実味を帯びてきた。

この伝説を見る限りは、宮子は故郷の海底にあったという観音像のことが気になって仕方がなく、それがために陰鬱になっていた。

宮子が生まれたての息子に会えなくなったのは、病気の原因が国母、つまり天皇の母となることが確定した年である。

宮子は不比等の実子として扱われており、当初は「夫人」という低い身分からのスタートだったものの、不比等の孫である天皇の息子を生んだことは、ほかの二人の妃である紀氏と石川氏の女が今後男子をもうけたとしても、もはや彼女たちに立ち入るスキがないこと、つまり宮子が天皇の母である国母になる事が内定したことを示していた。

ならば宮子は国母になりたくなく、それが原因で病気になったのだろうか。

先述のように一般的に思い浮かぶことを想像すれば、何と言ってもそのことが朝廷内のやんごとなき貴族たちの怨嗟の的になること、あるいは国母となることで故郷へ帰省できる機会が削がれるなんらかの事情があったからだとも考えてみた。

しかしながら天皇の側室扱いである「夫人」のままであれば自由に故郷に帰れると思ったが、「国母」になったがためにそれが叶わなくなるというのも変な話で、むしろ地位の高い国母の方が我儘《わがまま》な巡幸ができそうでもある。

むしろ男子をもうけず「夫人」のままであれば、国母になることと比してある意味無責任な立場であるものの、この時代故郷に帰るチャンスなどまずなかっただろう。

また、ほかの貴族たちの怨嗟を激しく蒙る恐怖心が精神を侵した、とする考えだが、これは確かにあり得るものの、国母となることで立場は逆転するのだから、必ずしもそこまで悲観する理由になるとは思えない。

むしろ国母となったことで、今まではイジメは減り、確実に多くの貴族たちは手のひらを返したようにすり寄って来るだろう。

それ自体は鬱陶しいとしても、それが原因で精神を病んだとするのは説得力に欠ける。

ゴマすりや怨嗟が増えることで精神の病を引き起こし、皇位継承者となる自身の息子と会えなくなったというのはどうしてもうまく説明ができないと思う。

つまり怨嗟への恐怖や故郷への追慕と、自身の地位の向上が相反していたとは考えられない。

第一、なによりもこれらが原因だとすれば、玄昉に会ってたちまち癒えた、とする理由が全く説明できなくなるではないか。

だから宮子が息子である首皇子と顔を合わせることもできぬまま三十六年間も過ごし、玄昉を引見したとたん回復して息子ともその場で会ったのは、ほぼ確実に正史に残らない宮子が病気になった原因を、玄昉が解決したからに他ならないからと言えるだろう。

ここで、もう一度文武天皇巡幸時の歌を見てほしい。

妹がためわれ玉求む沖邊なる白玉寄せ來沖つ白波

藤原宮子（679 ～ 754）

文武天皇は「玉」を紀伊で得ることは、「妹」つまり妻宮子のためなんだと歌っている。

この歌から、紀伊で宮子の両親から神璽を得ることは、天皇と宮子が共有していた目的であり、望みだったらしいことがわかる。

神璽を得るための巡幸である事自体は先の夫である文武天皇のこの歌も匂わせているから、この時点では神璽は宮子の手に、ひいては夫の文武天皇の手に渡るはずだったのだろう。

そしてそれこそが宮子が望んでいた結果だったのだろう。

だから筆者は初め、紀伊で得た神璽を、不比等は「なくした」「盗まれた」などと報告したのではないかとも思った。

つまり、そう考えれば宮子が神璽を失ったショックで心の病に陥った理由も説明できると思った。

ただ、歌を見る限り、「白波が玉を運んできてくれればいいのに」と、文武天皇自身は神璽を得られなかったため、そのことを嘆いている。

「盗まれた」「なくした」のであれば、少なくとも一時的には天皇の手元にそれが献上されたか、少なくとも一旦「手に入れました」と報告されていたはずである。

この歌はそうは受け取れない。

玉を得ることの難しさと、失敗したことの無念さを歌っており、不比等が盗まれたりなくした、などと報告したとは到底思えない。

もしそうなら、続く「また帰り来む」、つまり「この場所に戻ってきてリベンジするぞ」と三回も繰り返す誓いの歌が生きてこない。

神璽がなお紀伊の海人族の手中にあると確信しているからこそ、この繰り返しの歌は意味があるのだ。

玉を得ることは難しいんだ、と知っていれば、このリベンジの歌は納得がいく。

そして文武天皇は神璽を得る難しさを、次に述べるように自身の曾祖母の出来事を熟知していたためによく知っていた。

天智天皇のひそかな勅

ここで一旦時間を少し遡らせて、不比等が神璽を知り、これを回収するようになった経緯を推理してみたい。

そもそも藤原不比等はいつ、誰から神璽というものの存在を聞き、これを欲するようになったのだろうか。

不比等の妻は後宮で絶大な力を持っていた橘三千代である。

そして後宮は海人族の神璽に関する情報を持っていたと考えられる。

不比等は妻橘三千代を通じ、後宮からたまたま神璽の情報を受けてこれを回収したのだろうか。

そうは思えない。確証があるわけではもちろんないが、周知のように藤原不比等は極めて徹底したリアリストで、決して感情的にならず、どこまでも冷静沈着に状況を分析し、的確に対処できる能力を持つ日本史上まれに見る逸材でもある。

そんな不比等がいきなり「魔法の神璽」の話を聞かされても、恐らく一笑に付し、これを全身全霊をかけて回収するなどということはなかったはずである。

しかしながらこのことが、父親から遺言として伝えられていたと仮定すればどうであろう。

父親は歴史に名高い大物政治家、中臣鎌足である。

不比等のその後の行動から見ても、父親を強烈に尊敬していたであろうことは想像に難くない。

となれば、鎌足の言動を見ればある程度の推測が可能になるのではないか。

鎌足は中大兄皇子《なかのおおえのみこ》（後の天智天皇）にことのほか信頼され、臣下で初めて大織冠《たいしょくかん》を下賜された人物だ。

天智は日本史上でも異常なまでに自身と、自身の子孫が皇位を継承していくことに執念を持っていた人物で、自分の子供の皇位継承を阻害する危険がある蘇我蝦夷《えみし》、入鹿《いるか》親子、古人《ふるひと》大兄皇子、有間《ありま》皇子などを謀殺した人物である。

話がそれるが、飛鳥時代以降の皇族はおしなべておとなしい人が多く、中世の後醍醐天皇だけは例外だが、ほかはほぼ全員がおだやかな平和主義者である。

だがどうしたわけか天智天皇とその娘の持統天皇、さらに天智天皇のひ孫にあたる桓武天皇の三人だけは例外的に苛烈な残虐性を持つ独裁者と言える。

天智天皇の子が志貴皇子、その子が光仁天皇で、その子が桓武天皇なのだが、志貴皇子と光仁天皇は非常に温厚な人物だったことが『続日本紀』や和歌からもうかがえる。

それなのに、桓武天皇が天智天皇のように攻撃的な皇帝然とした人物だったのは不思議としか言いようがない。

天智帝は弟の大海人《おおあま》皇子（天武天皇）も殺害しようとしているが、これも同じく皇統が天武系に変わる事への恐れからである。

天智天皇が直系継承のルールとして「不改常典《ふかいのじょうてん》」を定めたことはよく知られている。

不改常典なる名称があるわけでもないが、奈良時代の元明天皇や聖武天皇の宣命に天智天皇の遺訓として「改めるまじき常《つね》の典《のり》」という表現があるからこう呼ばれている。

飛鳥時代は兄弟継承が多かったために天智天皇が父から息子へ直系継承させるために決めた、とするのが通説である。

何が言いたいかというと、つまり、藤原不比等が全力で神璽を回収した遠因は、元をたどれば天智天皇の皇統独占のあくなき執着が原点なのではないか。

皇統を自身の子孫で独占するために、その魔力を持つという神璽の回収を不比等の父・鎌足に命じたのがすべての始まりではないかと推理できるのである。

神璽の魔力については、神功皇后や仁賢天皇、また聖徳太子によっても知られており、古来神璽を手に入れることは皇統を独占できることと同じとされ、争いの具となっていたことを知っていたことになる。

時系列的には天智天皇の時期、神璽は聖徳太子の命によって讃岐と紀伊の海人族がひそかに預かるところとなっており、宮中にはなかったはずである。

だから、天智帝は後宮を通じてその情報を得たのではないか。

もっとも、天智天皇が神璽に執着していたなどという伝承はない。

もちろんそんな伝承は徹底的に除外しなければ、いずれまた神璽は奪い合いの闘争の原因となるのだから、当然ではあった。

だが何らの根拠もなければ、これらはただの思い込みになってしまう。

天智天皇は確実に神璽奪還に執念を燃やしていたと確信した筆者は、その「痕跡」らしき〝歌〟は発見した。

神璽を望んだ斉明天皇

『万葉集』巻一の十二首目に、中皇命《なかつすめらみこと》（斉明天皇とする説が有力）が〝紀伊の温泉に往《いでま》す時の御歌〟とされる歌がある。

我が欲《ほ》りし野島は見せつ底深き阿胡根《あこね》の浦の珠そ拾はぬ

〈わたし（斉明天皇）が見たかった野島は見ることができましたが、海底深くにある阿胡根

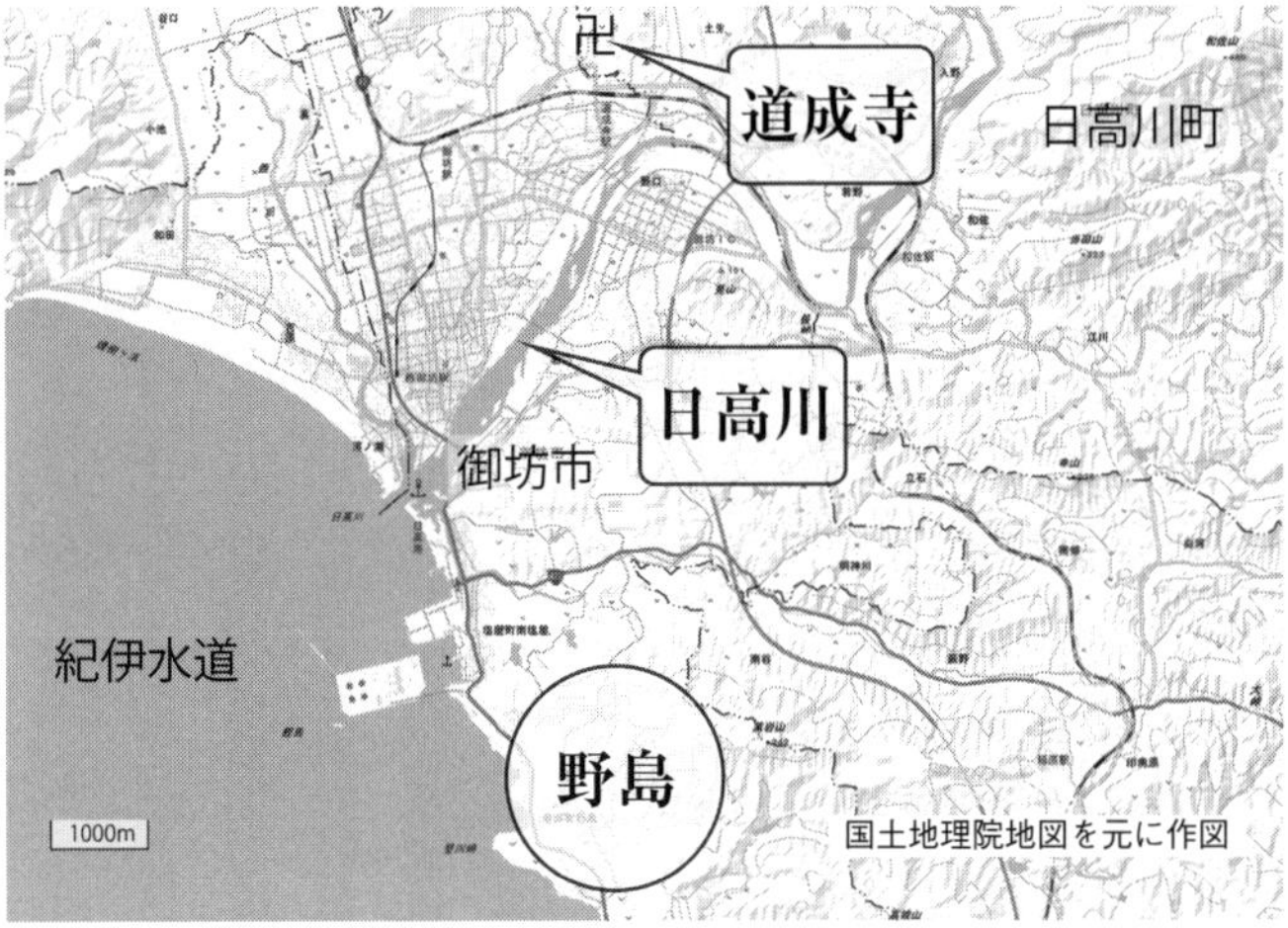

の浦にある珠を拾うことはできなかった〉

『日本書紀』によれば、斉明四（六五八）年に女帝が紀伊の温泉に行幸したことが記録されており、この時の歌なのだろう。

ただ、歌に特段の深い意味は見いだせず、古来地味な歌として見逃されてきたといえる。

　斉明天皇は天智天皇の母である。

当然天智天皇（当時中大兄皇子、三十二歳）や中臣鎌足（当時四十四歳）も随行していたに違いない。

この歌に出てくる野島は今の和歌山県御坊市名田町野島のことだ。

　驚くべきことに先述の海人族がいた文武天皇が創建した「かみなが姫伝説」がある道成寺はこの野島と直線距離でわずか五～六キロメートル程度

しか離れていない、まさに目と鼻の先なのである。

つまり、斉明天皇行幸の目的もまた、中大兄皇子による紀伊の海人族が持つ神璽回収だったのではないか？

このあたりには当時、宮子の祖父母や曽祖父母にあたる海人族が確実にいたはずである。彼らが神璽を命がけで守っていた、まさにその場所に中大兄皇子たちがやってきたわけだ。

この推理が正しければ、中大兄皇子やその母帝の斉明天皇、それに中臣鎌足は神璽の実物がこのあたりに隠されていることを知っていたことになる。

ただ当然だが、その事実は朝廷でも極めて限られた者しか知らなかったに違いない。

だからこそこの神璽の歴史はほとんど残っていないのである。

元はと言えばこれを隠そうとしたのは中大兄皇子だったかもしれない。

皇統を独占するということは、神璽を独占するということである。

であるならば、神璽のありかがみなに知られては困るのである。

しかしながら、この中大兄皇子の思惑は不首尾に終わった。

そのことが母帝の詩の下の句、「底深き阿胡根《あこね》の浦の珠そ拾はぬ（阿胡根の海底の玉は取ることができなかった)」に表現されているのではないか。
阿胡根自体は現在地不明だが、上の句にある野島付近とみられ、いずれにしても道成寺付近を歌った歌であろう。
また、実は『万葉集』には、やはり紀伊に巡幸した際の斉明天皇の別の歌があり、
妹がため我れ玉拾ふ沖辺なる玉寄せ持ち来沖つ白波　　巻九―一六六五
とあり、これは先の文武天皇が紀伊に巡幸した際に歌われたという、
妹《いも》がためわれ玉求む沖邊なる白玉寄せ來沖つ白波
と瓜二つだった。
つまり、文武天皇は自身の曾祖母が作った四十年以上前の歌とほぼ同じ歌を道成寺や野島付近で歌って見せたと考えられるのである。

この歌も斉明天皇の歌とは書いていないのであるが、先の「海底の玉が拾えなかった」という歌が中皇命の御歌とある以上、ほとんど同じ内容を歌っているのだから、斉明天皇の歌、またはこの心情を臣下が歌ったものとみてよいだろう。

これはおそらく、曾祖母が歌った歌を、ひ孫が本歌取りをすることで同じ場所での同じ境遇を表現した可能性が高い。なにしろ二人は時を経て紀伊の同じ場所にはるばるやってきたのである。

つまり斉明天皇も、そのひ孫にあたる文武天皇も、今道成寺があるあたりで、〝妹のため〟つまり大切な姉妹（文武天皇の場合は妻宮子）が望んだ玉が得られなかったことを嘆いている歌だったとみてよいだろう。

ひ孫の文武天皇は曾祖母の歌に強く共鳴し、珠を得られなかった悔しい境遇を繰り返したのだと思われる。

第三章　そしてレガリアへ

斉明天皇もひ孫の文武天皇も、神璽を手に入れられなかった無念を歌に詠んだ

斉明天皇は「珠は底深き浦」にあるといい、ひ孫にあたる文武天皇は「沖邊なる白玉寄せ來沖つ白波（沖の向こうに沈む、取りたくても取れない白玉、波よ、この玉を運んできておくれ）」と繰り返し、紀伊の伝説では「宮子が海底にある黄金像を守ってきた」という。

これらはすべて今の道成寺とその周辺の伝説であり、歌である。

やはりこれらはみな同じものを指していると見た方が妥当だ。

文武天皇の歌は「不比等が事前に約束していた契約を守るために神璽を回収しに行った」結果、実際に玉を手にすることができなかった嘆きを歌っているのはほぼ間違いないと言えよう。

そしてもしかすると、この当時神璽は譬《たと》えなどではなく本当に「海底深く」秘匿されていた可能性がある。

巨大な岩石か金属製の容器に神璽を密閉して沈ませておけば、波にもさらわれず人にとられる心配もない。

これなら、海人しか潜れず、強奪しようとしても盗ることは不可能だ。

第一章の神功皇后のところで、皇后は海神または安曇磯良（海人族の祖神の一人）から玉を借り受けるのに非常に苦労し、彼らが喜ぶ舞を舞うと、ついに神璽を差し出したという神楽が各地に残されているということを書いた。

神が神楽を喜ぶという表現は、つまり神楽などの神事を行い、その後亀卜なのか、何らかの卜占を行って結果が良ければ玉を貸し出していたのではないかとも推理した。

つまり、斉明天皇一行は紀伊の海人族に会い、ここで神事と卜占を行ったが、結果が芳しくなかったのだろう。だから神璽を手に入れることができなかった。

この結果、中大兄皇子は中臣鎌足に近い将来何があっても神璽回収をしろと強く命じたのではないだろうか。

しかし、鎌足は結局この難題を解決することはできず、使命は子の不比等に託された、と推理できるのである。

もっとも天智天皇は不比等が十三歳の頃崩じているから、おそらく会ったことがないか、会ったことがあるとしても記憶にはなく、不比等自身に天智帝に対する特別な意識は少なかった。だから皇統が天智系になろうと、天武系になろうと不比等にすればあまり拘《こだわ》りはなかったと思われる。

不比等が一芝居打った

さて、話を文武天皇の時代に戻す。

この斉明天皇の故事を知っていた文武天皇は、神璽を得ることの難しさを知っていた。

神がダメだと言えば、ダメである。それは天皇といえど逆らえない。

そして天皇は紀伊巡幸の折、事前に海人の娘を養女としてまでつながりを持ち、彼らと交渉できる不比等を使者として海人族の元、つまり宮子の両親のもとに派遣したのだろう。何故なら海人の地位は低く、天皇が直接交渉するなどということは当時あり得なかったからである。

不比等ももちろん、斉明天皇の紀伊巡幸で神璽を手に入れられなかったという故事を熟知していたろう。

だからこそ、自身はその轍《てつ》を踏まぬよう、先手を打ち、確実に神璽を手に入れるための手はずを整えていた。

それが、宮子が男子を産めば彼女を養女とすること、そうすることでその子が皇位を継承できるように地位を引き上げること、引き換えに両親は神璽を引き渡すという密約であったはずだ。


文武帝は、玉を得ることは「妹がため」つまり宮子のためだと歌っている。

宮子の望みに応えるべく、紀伊に巡幸したのだ。

不比等の復命によれば結果は失敗で、帝は不首尾に終わった後に、斉明天皇のときと同じように神璽は得られなかった、としてこの歌を詠んでいるのだろう。

神は玉を自分に与え給わなかった。

だから同時にまたこの地に帰り来む、と三度も繰り返しリベンジを歌っているわけだ。

このことは、帝と宮子が神璽について事前にいろいろ話し込んでおり、宮子にとって神璽を夫天皇の物とすることこそ自分の使命だと考えていたことを証明する歌だと思う。

そしてその宮子の思いに応えるべく、夫である文武天皇ははるばる紀伊の地に神璽を求めてやってきたのだ。

神功皇后や仁賢天皇、欽明天皇の時に持ち出された神璽は、その都度返却されていた。だが今回は事情が違った。奈良時代を契機に、海人族は歴史の表舞台からほぼ姿を消すからである。

伊勢の度会氏や熱田の尾張氏はなお宮司家として存続したが、朝廷とのつながりは奈良時代にほぼ消滅したといってよい。

これはまるで事前にそのことを知った海人族が、神璽を天皇に返還しているように見える。

七〇一年には丹後海人族の拠点・凡海郷が海に沈むという異常な事件が起きているが、この天災を契機に、海人族と朝廷との関係は徐々に細くなり、ついに消え去ってしまうのである。

海人族の役割は終了する。だから、一切のレガリアを天皇に返還する。

海人族が歴史の表舞台から消えた事情の裏には、そういう神託があったとしか思えない。

海人族は神に生きる民で、その神の指導、神勅に忠実な人々だった。

だからあえて宮子の両親を庇《かば》うとすれば、彼らは自分の娘が国母となる事に喜んで神璽を引き渡したと考えられるが、これとは別に大義として神璽を天皇に返還すべしという神託（卜占の結果）があったからだ、という可能性も十分ある。

文武帝の歌は、帝が神璽は例えば盗まれたとか行方不明になったなどとは思ってはいないことを示している。

とすれば不比等が天皇に対し、「なくした」とか「盗まれた」、ではなく、あくまで「神託の結果は良くなく、やはり手に入れられませんでした」と復命したとしか思えない。

ではなぜ宮子は病むのか。帝は「また帰り来む」と言っているのだから、それを信じて数年後またリベンジすればいいではないか。

しかし事実として宮子は病んでしまったのだから、そこにもう一つ宮子をショックに陥れる理由があったのだろう。

つまり、宮子は義父不比等が〝海人が神璽を差し出さなかった〟と嘘をつき、秘かに神璽を奪ってしまったことを、瞬時に悟ったからではないか。

先述したように、宮子自身が輿入れする前、神璽が夫となる天皇に献上されることが両親と不比等の間で決まっていた事は間違いないと思う。

また、不比等の復命の内容を聞いた時、相手つまり自分の実の両親の言動が不自然だったなど、宮子にしかわからない不比等の嘘を見抜けたからなのかもしれない。

先述したように、宮子が男子を産んだその年に紀伊に巡幸したということは、事前に「宮子が国母となる条件である男子を産めば、必ず神璽は献上しましょう」と両親と不比等との間で密約が交わされていた事を示している。

そして宮子もそのこと自体は知っていただろうし、受け入れてもいた。

だから六九七年に輿入れして七〇一年に首皇子を産むときまではまだ健康だったわけだ。

そもそもこういう密約により、神璽が確実に朝廷に引き渡されることが決められていなければ、不比等が宮子を養女にする理由がないことになってしまう。


だから紀伊巡幸のこの時、不比等は神璽を手に入れたのだ。

しかし彼はその事実を隠し、嘘を復命したとしか思えない。

宮子にすれば、男子を産めば両親が神璽を献上することを確信していたはずで、不比等の証言に納得できたはずがない。

宮子は夫の天皇が神璽を得ることができなかったことを語った時、あるいは夫に必死で訴えたかもしれない。

「義父不比等殿は嘘をついて神璽を持っているのでは？　そうとしか思えません」と。

だが天皇の信頼も厚く、居並ぶ諸臣にも一目置かれている不比等が嘘をついているなどというのは信じがたく、誰も聞いてくれなかったろう。


なぜなら不比等が復命した内容は、六五八年の斉明天皇の故事と同じ結果、つまり卜占の結果が良くなく、神の許しが出なかったというもので、何ら不自然ではなかったからだ。

だからこそ文武天皇は不比等の復命を信じ、あの無念とリベンジの歌を歌ったのだろう。


それに人一倍怜悧《れいり》で狡猾《こうかつ》だったであろう不比等なら、尻尾を出すこともなかった。

当然海人族のもとに随行した家臣たちも口裏を合わせるようにしていただろうし、言動に齟齬《そご》や矛盾が生じないよう手を打っていたのだろう。

もちろん紀伊にいた宮子の両親さえ買収したか、あるいは脅迫した可能性がある。

「神璽はしばらく私が預かるが、これはその安全を確保するためである。よってあなた方は、このことを一切他言せぬように」と。

不比等の言葉は両親には不自然だったかもしれないが、両親からすれば宮子は人質と同じである。

不比等が神璽に関して不審な動きをしていると知っても、宮子の両親は何も言えなかったはずだ。

迂闊《うかつ》に朝廷に告げ口でもしようものなら、両親も宮子も命の保証はない。

両親が何らの動きもしないところを見ると、あるいは両親が約束を守らず神璽を差し出さなかったのだろうか？

そのようにも受け取れたから、宮子にすれば両親から見捨てられたような心持ちになったのかもしれない。

おそらくそのような理由で、宮子は精神的に孤立無援となり、尋常ではなくなった。

だから逆に宮子がおかしくなってしまったと思われたのではないか。

不比等が文武天皇に嘘を復命し、神璽を私物化してしまった背景に、あるいは先述の讃岐の志度寺にあった神璽を奪うことに成功した経験があるのかもしれない。

あるいは神璽とは四つ揃って初めてその〝魔力〟を発揮する、または増幅すると考えられていたのかもしれない。

不比等ももしかすると初めは得た神璽を正直に天皇に献上すべく努力していたが、いざ実際に全ての神璽を手に入れるとその魔力、神聖さに魅了されてしまい、どうしても手放したくなくなったのではないだろうか。


そして宮子は神璽が二度と天皇の手に渡らないであろうことを悟り、嘆き悲しみ病んだのではないか。

そして自分が息子を生んだことで、結果的に両親が不比等に神璽を渡してしまったことを悔やみ、それがゆえに息子に顔を合わせられなくなったのではないだろうか。

宮子の両親は、あるいは名誉と財産に目がくらみ、宮子を不比等に差し出した可能性が高いと取れるが、宮子自身は神への信仰深い敬虔な女性だったのだろう。

宮子が病んだのは、首皇子を産んだからでも国母になる事が決まったからでもない。

首皇子を産んで、神璽が無事夫天皇の手元に安置されることが決まっていたのに、義父藤原不比等が嘘をついて私物にしてしまった。彼女は天皇の手に神璽を献上する、という人生最大の任務を永遠に果たせない、と悟ったがゆえに病んだのである。

不比等は斉明天皇の時と同様、卜占の結果海人族は神璽を渡さなかったと復命した。宮子は「そんなことはありえない、両親は自分が男子を産めば神璽を引き渡すと不比等と約束していた、神璽を引き渡すことは神の意思でもあるのです」と、そう訴えたはずだ。敬虔な海人族の娘である宮子は、神のしるしである神璽をことのほか重視していたからこそ、これを天皇に献上することが自分の人生の使命だと自覚していた。

だからこそ起きた悲劇だったのだろう。

この時の宮子の心情は、道成寺では「都にいても故郷に残した小観音のことが忘れられず……」と残されるに至ったのだろう。

説明できない宮子回復

そうするとこの状況で七三七年に宮子は何故突如回復したのか。

『続日本紀』にはただ玄昉が「一たび看病すると、おだやかで悟りを開かれた境地となった（つまり一瞬で病気から回復した）……」と書かれているのみだが、古典を見ても、現代の史家の解釈によっても玄昉と一瞬で恋愛関係に陥ったため、という解釈が支配的だ。『元亨釋書』や『扶桑略記《ふそうりやくき》』もそのような説を記している。

しかし、『続日本紀』の記録に従えば、宮子は玄昉に会うや否や回復してしまい、その場で息子である聖武天皇とも会見し、国中が歓喜したと伝えているのである。

玄昉と宮子との間に恋愛感情が芽生えた、という可能性自体はありえなくないものの、ここは冷静に考えていただきたい。

いくらなんでも五十代にも達していた男女が出会ってすぐ恋愛関係に陥った挙句、その場で三十六年もの間患っていた精神の病から一気に回復した、などということがあり得ようかということである。

仮に玄昉がきわめて魅力的で、宮子にそういう感情を抱かせる人物だったとしても、これ

玄昉（興福寺南円堂座像）
（内務省『Japanese Temples and their Treasures Vol.3』より）

は相当無理がある解釈と断ぜざるを得ないのではないか。

仮に一瞬で恋愛感情が芽生えたとしても、一瞬で病気の回復につながるわけがない。

愛する相手からの献身的な看病があったとして、それが成功したとしても、常識的に考えて少なくとも数ヵ月から一年くらいの歳月が必要なはずである。

これにより筆者は宮子・玄昉恋愛回復説は成立しないと解釈するのである。

宮子の快癒を合理的に解釈しようと試みた歴史家の中には、唐で麻薬の知識を得た玄昉が、麻薬の効果を利用して宮子を回復させたのではないかと見る向きもある。

しかし、もし麻薬による回復であれば『続日本紀』も他の書物もそう書いていたはずである。当時はタブーでもなんでもなく書かない理由がない。

その上、麻薬が「健全な医薬効果」を持っているという認識をその後の日本は持ったはず

玄昉が創建し、宮子が住んでいたという伝承が残る「海龍王寺」
（筆者撮影）

で、麻薬治療が朝廷に広がっていなければ不自然だ。だがそのような歴史はない。

玄昉は天平十七（七四五）年に筑紫に左遷されており、玄昉の治療が受けられなくなった宮子は、その後も患った記録がないまま天平勝宝六（七五四）年まで生きている。

麻薬の作用であれば効果は一時的だろう。これも不自然な事実だ。

以上から麻薬効果の可能性はまずないと判断していいと思う。

しかし、宮子が玄昉に会ってその場で病気が治ったこと自体は同時代に編纂された正史である『続日本紀』に記録されており、無視することはできない。

この点、数百年、千年の過去をさかのぼって記録した『日本書紀』とは違い、それ自体は事実だったと考えてよい。

そして肉体的な病気であれば「その場で回復」したことはあり得ないとしても、心の病からの回復であれば、状況によってはあり得る。

つまり、玄昉がそもそも〝病気〟の原因となった「なにか」を解決すれば、脳自体がダメージを受けていなければその場で回復することは十分あり得るのである。

奇跡の神璽奪還

時間は時として何もせずともすべてを解決してくれる。

宮子が首皇子を生み、心を病んだ時から十九年後、七二〇年に不比等は死に、さらに七三七年夏には不比等の息子の四兄弟も相次いで天然痘で死んでしまった。

これより先、七二九年には長屋王《ながやおう》が四兄弟の陰謀により一家ともども自殺させられており、この四人相次いで死んだことは長屋王の祟りだと噂されたことは有名である。

道成寺の寺伝によれば、七三五年に玄昉がやってきて、多くの経典などを持ち帰ったという。

七三五年と言えば、三月に遣唐使が帰国して聖武天皇に拝謁しており、当然この中に玄昉もいたのだろう。

その後七三七年に玄昉は朝廷に重用される位の高い僧正となるのだが、この経緯はいかにも仕組まれているように見える。

四兄弟はそれぞれ七三七年の四月十七日に北家の祖である房前が死亡。

その後七月十三日に京家の祖の麻呂《まろ》が、同二十五日に南家の祖の武智麻呂が、そして八月五日に式家の祖の宇合《うまかい》が死んだ。

玄昉が僧正に任じられたのは宇合が死んで三週間後の八月二十六日である。

そしてその玄昉が宮子に引見され、一気に回復したのが十二月二十七日だ。

七〇一　文武天皇、紀伊巡幸。
七二〇　藤原不比等、死去。
七三五　玄昉、遣唐使から帰国。同年道成寺を訪問したという。
七三七　四月　藤原房前、死去。
七月　藤原麻呂、死去。

七月　藤原武智麻呂、死去。
八月　藤原宇合、死去。
八月　玄昉、僧正に就任。
十二月　玄昉、宮子に謁見。その場で回復する。

七三五年の道成寺訪問については、玄昉が聖武天皇から父帝の勅願で作ったという紀伊の道成寺に多くの経典が置かれているから、それを都に持ち帰るよう命令されていたのだろう。

玄昉が事前に神璽というものを知っていたのかどうかはわからない。

玄昉がこの年、道成寺に赴いたのは本当に偶然で、そこで初めて神璽の奇妙な話を聞いた可能性もあるし、初めから道成寺訪問自体が聖武天皇の密命を受けての事だったのかもしれない。

宮子の息子である聖武天皇は、何とかして母親を救いたいと思ったはずである。

そして秘かに信頼できる臣下に調査させたところ、その原因が母の実家が管理していた玉にあることを突き止めたに違いない。

そしてその経緯とありかを調べるため、適任者として選ばれたのが玄昉だった可能性もある。

どちらにしても、玄昉はここ道成寺で不思議な魔力を持つ日本古来の珠がここにあり、不比等の手で持ち帰られたということを知る。

数十年の年月が経ち、幸か不幸かこの時宮子の両親は他界していたと考えられるが、当時の事情をよく知る親類縁者と接する機会は確実にあったはずである。

道成寺は文武天皇の勅願で作られたと言われており、この地の海人族の文武天皇に対する愛着は相当強かったはずである。

さらに言えば、宮子の両親とは違い、なんら遠慮することなく事実を訴えることができただろう。

当時を知る海人族はこう訴えたのではないか。

「三十四年前、宮子様の両親はその時確かに神璽を不比等さまにお渡ししました。だから、本来それは文武天皇の手に、今はその子の聖武天皇の手に渡っていなければならないのです」

と。

都に戻った玄昉はこの不思議な話を帝に復命した。

話を聞いた聖武帝は初めて聞くこの話に驚いたのかもしれないし、「やっぱりか！」と怒りに震えたかもしれない。

いずれにしても聖武天皇は、母宮子の病の原因が行方不明の神璽にあることを確認し、玄昉に調査を続けるよう命じたはずだ。

翌天平八年、二月には玄昉に封戸《ふこ》百戸、田十町と貴族のような俸禄が与えられているから、この時点で帝の大きな信頼を得ていたことがうかがえる。

玄昉はある時、神璽は今も失われておらず、藤原氏の手によりどこかに秘蔵されていると確信したはずだ。

しかしこの藤原四兄弟が権勢をふるう時点では、当然身動きは取れなかった。

天平九(七三七)年に藤原四兄弟が相次いで死亡。今しかチャンスはないと確信した玄昉が、このことを奏上した。

玄昉は同年八月、つまり四兄弟全員が死んでわずか三週間後に僧正に任命された。

このことは玄昉が宮中でかなり自由に出入りできることを示しており、四兄弟なき今、神璽のありかを調査する絶好のチャンスだったということなのだろう。

四兄弟の死は、一時的に藤原氏の勢力をそいだのは間違いがない。四名もいた当主たちが、四ヵ月の間に全員死ぬなどということは、いくら奈良時代とは言え異常なことで、藤原家は大きく動揺していたから、財産管理に大変な隙が生じたのは間違いない。

だから、実際に神璽（または神璽のありか）を見つけたのは玄昉が僧正に任じられた八月二十六日から、宮子に謁見する十二月二十七日までのいずれかであろう。

玄昉はそれ以前、少なくとも二年かけて大和と言わず紀伊と言わずくまなく証言や記録を収集し、確実に不比等が神璽を隠ぺいしたことを突き止めたのだ。

とすれば、一番現実にありそうなストーリーは、玄昉が藤原四兄弟の息子たちを詰問し、正直に引き渡せという天皇の勅命を得た可能性だ。

ちなみに四兄弟の息子たちで、この時つまり七三七年の時点で藤原氏の中心になっていそうな者は、年齢から推察するに房前の子の永手《ながて》（当時二十三歳）、真楯《またて》（二十二歳）、武智麻呂の子、豊成《とよなり》（三十三歳）、仲麻呂（三十一歳）、宇合の子、広嗣（二十二歳）あたりだろうと思う。

四兄弟の息子たちは初め、あくまで知らぬ存ぜぬで押し切ろうとしたはずである。しかし玄昉は藤原氏が神璽を秘匿しているという動かぬ証拠をつきつけた。有能で老獪《ろうかい》な玄昉の前に若い四兄弟の息子たちは太刀打ちできなかったものと思う。恐らく四兄弟の息子たちは、神璽を隠していることは認めた。神璽自体が秘されるべき運命にある神宝である以上、正体が露見する行為である懲罰を与えることも難しい、という事情もあり、とりあえず藤原氏の罪は不問とされた。そして四兄弟の息子たちにすごすごと案内された先には、遂に不比等が隠していた神璽が置かれていた——と推測もできる。

しかしながら、藤原氏とて一枚岩ではない。実際の経緯はもっと複雑だった可能性が高いと思う。藤原四兄弟の息子たちの内、房前の三男だった真楯は天平神護二（七六六）年に五十一歳で死亡しているのだが、その際の記事として『続日本紀』には、

真楯は度量弘深《こうしむ》にして、公輔《こうふ》の才あり。

……官《くわん》に在りては公廉《こうれむ》にして慮私《おもひわたくし》に及ばず、感神聖武皇帝《かむしむしやうむくわうてい》の寵遇特《こと》に渥《あつ》し。
……従兄《いとこ》仲満《なかまろ》は心にその能を害《そこな》はむとす。真楯これを知りて病と称して家居《いへゐ》し、頗《すこぶ》る書籍を翫《なら》へり。

〈真楯は度量が広く深く、宰相としての才能があった。
官職にあっては公平、清廉で私情に流されることもなかった。
感神聖武皇帝の寵遇が特に厚く、……従兄の仲麻呂は内心真楯の才能を妬んで悪意を持っていた。それを知った真楯は病気と称して家にこもり、ただ書籍に親しむようにしていた。〉

とあり、清廉潔白の人格者だった事、聖武天皇の寵遇が特に厚かったということ、当時藤原氏で圧倒的な勢力を持ち、リーダー格だった南家の仲麻呂と仲が悪かったとハッキリ書かれている。

仲麻呂はその後玄昉を殺害した人物ともいわれ、一説に聖武天皇の子である安積《あさか》親王をも毒殺したともいわれる。

さらにこの記事によれば真楯をも失脚または殺害しようと狙っていた剣呑な人物で、最後は反乱を起こして琵琶湖畔で斬首された。

爾後、南家は没落し、藤原氏は結局不比等―房前―真楯と続く北家だけが栄えてゆくのである。

これは真楯がかなり早い時期から聖武天皇の厚遇を得、信頼されていたことを示しているが、その理由はあるいは真楯は藤原氏が神璽を独占することを潔しと思わず、仲麻呂たちの合意を得ぬまま、あるいは仲麻呂に黙って天皇に神璽を献上したからではないのか？

それが仲麻呂と不仲になった原因かもしれない。

つまり、藤原氏の南家が没落し、北家だけが栄えていくというその後の歴史の裏には、真楯が仲麻呂たちの反対を押し切り、進んで神璽を天皇に差し出したことが大きく響いているのではないか？

真楯のみが聖武天皇や玄昉側に立っていたのではないのかと推測する理由はほかにもある。

『万葉集』巻十九の四二六九首から四二七二首にかけての四首は、いずれも天平勝宝四（七五二）年に橘諸兄宅で宴が催された際に詠まれた歌なのだが、この作者が聖武天皇、橘諸兄、藤原八束《やつか》（真楯の別名）、大伴家持《おおとものやかもち》の四名なのである。

聖武天皇がまず「よそのみに見ればありしを今日見ては　年に忘れず思ほえむかも（訪れなければ知らないままだったが、今日諸兄の家を見てしまったから、今後は月日を経ても忘れないだろう）」と諸兄の家や、その楽しい宴を賛美したことに対し、三名がいずれも天皇への忠誠心を競う歌を返しているのだが、このうち橘諸兄と大伴家持は古くから『万葉集』の編者だとされているのである。

神璽と海人族の関係や、それを得ることを斉明天皇や文武天皇が望んでいたことを書き残した『万葉集』の編者と、聖武天皇の宴に同席しているのが藤原真楯であることは、とりもなおさず真楯が聖武帝や橘諸兄らに深く信頼されていたことを示していると思う。

（『万葉集』が藤原不比等が中心になって作った『記紀』に反発していたらしいことは、最終章でも別件で触れる）

さらに「万葉集」にはほかにも、「藤原氏が私物化していた神璽を、藤原真楯が聖武天皇に献上した」という自説を補強するような真楯自身の歌がやはり収録されている。

藤原朝臣八束

さ牡鹿の萩に貫き置ける露の白玉　あふさわに誰の人かも手に巻かむちふ　巻八―一五四七

〈牡鹿が萩《はぎ》の枝を使って結んだ露の白玉、誰が気安く手に巻けるというのだろう〉

藤原八束は前述のように藤原真楯の別名である。

「あふさわ」は気安くとか図々しく、という意味だという。

「手に巻く」とは手に入れること、自分のものとすることだ。

「ちふ」は「ちゅう」で、今でも関西などで「と言う」という意味に使われる。

萩は万葉集で多く読まれたが、秋に開花するから一般に豊穣の象徴で秋の季語。鹿と萩の組み合わせの歌は比較的多くみられ、夫婦にもなぞらえられる。

玉はそのとおり「宝石、真珠」を表すこともあるが、妻や娘を表す場合も多い。露は儚《はかな》いものや涙のほか、恵みの象徴であったり「菊の露」のように不老長寿を表現する際にも使われる。

これとよく似た歌を真楯の盟友である大伴家持が歌っている。

さ牡鹿の朝立つ野辺の秋萩に玉と見るまで置ける白露

天平十五（七四三）年八月
巻八―一五九八

〈牡鹿が朝にたたずんでいる野辺にある萩。玉のような露がついているなあ〉

せいぜい恋人を白露に見立てた、という程度で特に深い意味はないようにも見える。

この歌は七四三年八月に歌われたものだが、先の真楯との歌と比較すると「牡鹿」「萩」「置く」「露」「玉」と五つもの共通の単語が使われている。

鹿と萩は多くの歌でワンセットで歌われているものの、五つもワードが一致している例は他にはないと思われる。

とすれば二人の親交から見ても、この一致は偶然ではなく一方が相手の歌を意識して歌ったものとみてよいだろう。

七四三年ということは、藤原真楯によって神璽が天皇に献上されたと思しき七三七年から六年を経ている。とすれば先に挙げた真楯の歌も、おおよそこの時期に歌われたとみてよいだろう。

家持はほかにも、

高円の野辺の秋萩このころのあかとき露に咲きにけむかも　巻八―一六〇五

〈高円の野辺に咲く秋萩は、明け方に露が付く頃には咲くのだろうか〉

という、やはり「野辺」「秋萩」「露」と同じような単語を駆使した歌を歌っている。

聖武天皇を深く崇敬していた家持は、天皇が何度も行幸し愛したこの萩の名所である高円の宮の萩をことのほか大切にしていたという。

この歌はそれを歌ったものだ。

事情を知る者がこの歌を聞けば、ただちに家持が聖武天皇を思って歌っているんだと理解しただろう。

高円も秋萩も、聖武天皇を連想する言葉だったからだ。

そうみた場合家持が「さ牡鹿の朝立つ」と歌った先の歌に出てくる「秋萩」も、聖武天皇を暗示しているのではないだろうか。

また勘ぐり過ぎかもしれないが、藤原氏の氏神は春日大社で、その春日大社の神使は鹿である。鹿は藤と並んで藤原氏のトーテムでもあるから、もしかするとこの「さ牡鹿」は藤原氏、あるいは不比等や真楯その人を暗喩しているのかもしれない。

この比喩が正しければ、先の家持の歌は別の意味もあるのではないか。つまり、

さ牡鹿の朝立つ野辺の秋萩に玉と見るまで置ける白露

〈藤原真楯がかしずく聖武天皇の手元に、不老長寿の玉が置かれている〉

と読めるのではないか。

とすれば先に挙げた真楯が詠んだ歌も俄然《がぜん》意味が違ってくる。

さ牡鹿の萩に貫き置ける露の白玉　あふさわに誰の人かも手に巻かむちふ

「萩に貫き置く」ということは、複数ある白玉を、萩、つまり聖武天皇の手元一か所にまとめて安置するといった行為を表現していると取れる。

〈祖父不比等が回収し、聖武天皇に献上すべく一か所にまとめた不老長寿の玉を、私を含め誰が気安く私物にできましょうか（いやできません）〉

という意味なのではないだろうか。

恐らくこの時、同じ場所に讃岐で得た神璽もあったろう。

讃岐の海女の両親は不比等との間に生まれたのが房前であったことで、藤原氏の当主が自分たちの子孫でもあることに満足していたはずである。

事実、藤原北家の当主である房前は母である海人の菩提を弔うために讃岐を訪れ志度寺に多額の寄進もしており、血縁で結ばれた藤原氏とこの地の海人との関係は良好だった。
不比等は讃岐の海女にも「神璽は天皇に献上する」と約束していたかもしれないが、彼女は正式に不比等の妻になったわけではなく、上京せず亡くなってしまったために宮子のような悲劇は起きなかったのだろう。

以上のストーリーは推理ではあるが、おおよそこのような事件が起きたのだろうと思う。様々な角度から検証しても、大体はこのような「裏面史」があったと見做して初めて宮子が首皇子誕生のころ（つまり夫である文武天皇の紀伊巡幸の年）に病み、三十六年後、藤原四兄弟の死の直後に、道成寺へ訪問した過去を持つ高僧・玄昉の謁見を受け、一日で回復した理由の説明が可能になると思う。

さらにこのような筋によってはじめて、朝廷の最高権力者ともあろう藤原不比等が田舎の海人の娘を二人も、それも両者とも謎の宝を持っている海女を養女にし、また子をなしたり、斉明天皇や文武天皇が道成寺近くに巡幸し、ここで揃って「玉を得られぬ」無念さを歌ったり、という理由が説明できると思う。

そして神璽を私物化したはずの藤原氏がこの時に歴史から消えずに後々残ったのは、恐らく北家の真楯が他のいとこたちを必死に説得し、あるいは完全に敵に回し、彼らに殺される覚悟を負いながら聖武天皇にこれを献上した功績により、真楯とその子孫が高く評価されたが故ではなかっただろうか。

こうして藤原不比等がひそかにかき集めて息子たちに継承させていた神璽は、ここにきて遂に本来の〝所有者〟である天皇の元へ帰されることとなったのだ。

余談だが、藤原氏は神璽をどこへ隠していたのだろう。

これはわからない。見つからないよう各地を転々としていた可能性もある。

だが筆頭の候補地としては、やはり藤原氏の氏寺で、玄昉が宮子と密通していたと伝わる興福寺を挙げたい。

ここは讃岐の玉取伝説に出てくる面向不背玉が安置されていたところでもあり、この面向不背玉の存在が神璽を隠すのにちょうどよいカモフラージュとなったのではないだろうか。

藤原不比等一周忌につくられた興福寺北円堂
（筆者撮影）

さて、聖武天皇が命じ、藤原氏の手で秘蔵されていた神璽をついに得た玄昉は、満を持して宮子への謁見を試みた。

これが七三七年の十二月二十七日である。

そして玄昉が差し出した箱に入ったものを見た宮子は確かに自分が紀伊にいた子供の頃、両親に見せられた「それ」と同じものだったことを確認し、三十六年間の絶望から一気に解き放たれたことは想像に難くない。

恐らく衝撃を受け、うれしさのあまりその場で号泣したはずである。

そしてそれがその場にいた息子である聖武天皇に継承されることに安心し、その場で一気に回復したのだろう。

このように藤原不比等と息子の四兄弟は生前、神璽を私物として独占しようと欲し、実際に独占していたのではないかと思うのである。

なおこの三年後、玄昉は四兄弟の一人、宇合の息子である藤原広嗣に謀略で追放されそうになり、最終的にはやはり四兄弟の一人である武智麻呂の次男、仲麻呂によって筑紫に左遷され、一説にそこで殺害されたという。『続日本紀』の天平十八(七四六)年玄昉死去を伝える記事に「世間では玄昉が広嗣の霊によって殺されたと伝えている」などと書かれている。

この藤原四兄弟の息子たちからの恨まれっぷりはさすがに異常で、その背景に先の神璽をめぐる攻防があったと見れば非常に納得できるではないか。


さて、神璽を手に入れることに成功した聖武天皇には、今後永遠にこれを天皇が継承するレガリアとして定着させる、という任務が生まれた。

難しいのはこれが「レガリア」でありながら「現世御利益の魔法の珠」であることを秘する必要があることである。

この言い伝えがあるがために、神璽は皇位継承に有効な玉として争奪戦が起き、血なまぐさい戦乱を誘発してきた。

この難しい課題をどうやって克服したのか。

二種から三種に「増えた」神器

それはつまり、天皇のレガリアが「二種神器」から「三種神器」に至る過程を細かく調べることで理解できると思う。

そもそも一体どうやっていつのまにか神璽を「三種神器」に位置づけたというのだろうか。

律令史研究で知られた故黛弘道氏の文章を抜粋して引用する。

「玉は天皇の祖霊の象徴であり、それを承け継ぐことは天皇が皇室の氏上の地位を襲《つ》いだことを意味する」、「玉の奉献をともなう天皇の皇室の氏上への就位式はあくまで皇室内の儀礼であり」、「鏡と剣」の祭祀が「国家行事」であるのに対し、「玉」の祭祀は「宮中行事」だったろう、という。そして、……大宝の前後を通じて後宮に隠然たる勢力を張ったのが不比等の継室橘三千代であったことはよく知られているが、それ以後も後宮では藤原氏が圧倒的な勢力を保持している。……後宮における玉の奉献儀礼の存在を梃子としてはじめて、不比等は三種神宝説を主張し得たからである。

……また後世、剣璽渡御といった儀礼が誕生すると、もっぱら内侍司の女官がこれに携わるということも、藤原氏と後宮との密接な関係から生じたのであるとしている。

（黛弘道『律令国家成立史の研究』吉川弘文館、昭和五七〈一九八二〉年）

つまり元々宮中にあった〝ご神宝〟程度の存在だった「玉」を、「後宮にかかわりがあった藤原不比等が格上げさせて神器として扱うようにさせた」と結論付けている。

この説は、紀伊と讃岐の海人から神璽を得たのが藤原不比等だとする自説と無理なく整合する。

神璽の祭祀だけが公的な「国家行事」ではなく、天皇家の私的な「宮中行事」の対象だとしている点でも、神璽の正体が「延命長寿や皇位継承といった現世ご利益の要素が強い魔法の珠」だとした説に整合していると言える。

また、その妻橘三千代と子房前が、なぜ共に東院、西院の本尊がともに神璽を手にした法隆寺を手厚く祀ったのか、という答えにも一定のヒントを与えてくれそうである。

つまり、第二章で筆者は「聖徳太子が皇位継承における争いを避けるため、現世ご利益の魔力を持つ神璽をあえて分散させた」のではないかと語ったが、その結果讃岐と紀伊の海人が預かることになった神璽のありかを、太子が後宮だけに託していたのだとすれば、すべての流れにつじつまが合ってくるのである。

当時橘三千代は文武天皇の乳人《めのと》であり、後宮の最高権力者だったとみてよい。

その後宮の情報を、橘三千代は当然知る所となり、この情報を夫である藤原不比等に伝えた。

そして不比等は紀伊と讃岐に直接赴き、これを奪取することに成功。

不比等と海女の間に生まれた房前は、父が行った行動や、聖徳太子にある種の後ろめたさを感じ、その贖罪《しょくざい》の意味もあり、上宮王院に「神璽を持った太子像（これが救世観音）」を安置したのではないか。

後宮は橘三千代や藤原不比等によって飛躍的にその地位を上げ、ついに三種神器の祭祀すべてを藤原氏を後ろ盾とした後宮が司ることになった。

このことを元来鏡剣の祭祀をつかさどっていた忌部氏の一族である広成が『古語拾遺』で批判していたことは第一章で書いた。

律令下では後宮でも最も格が高い「蔵司《くらのつかさ》」が天皇の衣類と共に神璽を管理していた。そのトップが尚蔵《くらのかみ》であり、ここには房前の娘である宇比良古《うひらこ》が任じられているのだ。後宮は後に、蔵司ともどもその一部署であった内侍司《ないしのつかさ》に集約された。皇居の賢所《かしこどころ》（鏡を祭る場所）を内侍所《ないしどころ》とも呼ぶのはこのためである。

藤原四兄弟の息子たちが隠していた神璽を引き渡す代わりに、その祭祀を藤原氏が牛耳ることを認めた結果、このように藤原氏の支配下にある後宮（内侍司）が、神璽を管理しているという図式が完成したのだろう。

黛氏と自説はある程度一致はする。確かに神璽を回収したのは不比等だったし、その後神璽の祭祀は藤原氏が牛耳る後宮が取り仕切ったのはそのとおりなのだが、先に述べたように、まず藤原不比等が当時、宮中にはなかった神璽を回収した後、その不比等から神璽を取り戻し、正式に天皇のレガリアとして定着させたのはあくまでも聖武天皇であって、神璽は人為的に格上げされた訳ではなく、元々それだけの価値のある存在だったことと、その後不比等の孫である真楯が恐らく祖父の行動をわびつつ神璽を献上した功績により、藤原氏は失脚せず後宮を仕切れることができたのだろうという点で大きく違う。

さて繰り返し述べたように、神璽の正体がおそるべき魔力を持つ珠だということは秘されねばならない。

聖徳太子が戦乱を恐れてこれを分散してから百年しか経っていない時期である。

神璽の伝承は当然一定の人々に伝えられ、知られてはいただろう。

だから神璽の正体を秘したままで、なおかつ永遠に天皇のレガリアとして(つまり三種神器)の地位を獲得しなければならない。

この一見相矛盾する二つの課題を克服しなければ、神璽は安住の地を得ない。

しかしこれが成功すれば、長年の皇位争いとセットで争奪戦が繰り返された勾玉は、いつまでも平穏に安置されるだろう。

そこにどんな秘密が隠されていたのだろうか。

それは七五七年に施行された養老律令《ようろうりつりょう》にあったのである。

「三種神器」初見は養老令に

すでに述べたように、正史に残る三種神器としての神璽の初見は、平安時代初め、延暦二十五（八〇六）年三月に父帝桓武天皇が崩じた後、平城天皇即位時の「神璽並びに神剣が入った櫃を、皇太子に奉った（『日本後紀』）」という、今の〝剣璽等承継の儀〟を解説した一節である。

それ以前に皇位継承で神璽が使われた確たる記録はなく、レガリアは鏡と剣の〝二種神器〟だった。

ということは、平安時代の大同元年からさほどさかのぼらない時期に、神璽は「三種神器」として位置づけられたことになる。

この経緯を調べてみよう。

藤原不比等が中心となって、大宝律令に代わって日本の国情に合わせた律令（国家の基本法典）が編纂され、養老四（七二〇）年にほぼ完成した（施行は七五七年）とされているのが養老律令である。

大宝律令は現存していないが、養老律令に関してはその解説書である『令集解《りょうのしゅうげ》』などが現存しており、復元が可能である。

その養老令のうち神祇《じんぎ》令の中にある〝践祚《せんそ》条〟を見ていただきたい。

凡《およ》そ践祚の日には、中臣、天神《あまつかみ》の壽詞《よごと》を奏せよ、忌部《いむべ》、神璽の鏡劒を上《たてまつ》れ
〈一般に天皇が即位する際は、中臣氏は天つ神の寿詞を奏せよ、忌部氏は神璽の鏡と剣をたてまつれ〉

とある。ここに出てくる「神璽」とは鏡と剣のことを指している。

さて一方で、養老令の公式《くしき》令のうち〝天子神璽条〟にはこうある。

天子の神璽〈いはゆる踐祚の日の壽璽《よごとのしるし》、寶而用ひず〉

内印〈方三寸〉五位以上の位記、および諸國に下さん公文には則ち印《お》せ
外印〈方二寸半〉六位以下の位記、および太政官の文案に、則ち印せ
諸司印〈方二寸二分〉官に上つらん公文、および案・移牒には則ち印せ
諸國印〈方二寸〉京に上つる公文、および案・調物には則ち印せ

〈天皇の神璽［いわゆる即位の日の祝いの璽。宝にして実用せず］
内印（天皇御璽）［九センチ四方、貴族である五位以上の位記（位階の沙汰を記した下賜文）、
　および諸国に公文書を与える際に押印すること］
外印（太政官印）［七・四センチ四方、六位以下の位記、および太政官文書に押印すること］
諸司印［六・五センチ四方、太政官に上申する公文書及び案・移・牒に押印すること］
諸国印［六センチ四方、政府に上申する公文書、および案・調物に押印すること］〉

「神祇令践祚条」自体は恐らく大宝律令のそれと一言一句同じだろう。

これは明らかに神話の時代から続く、中臣氏による寿詞と忌部氏による「二種神器」の献上の儀式が書かれているからである。

またこの内容は「二種神器の継承」を記録した『日本書紀』や『古語拾遺』の古代の皇位継承とも一致している。

問題は「公式令天子神璽条」である。

ここには「いわゆる即位の日の璽」として、「実用しない神璽」が登場する。

原文は「寶而不要」であり、〝宝物である。よって、使用しない〟、くらいの意味になるだろう。

これは隋の皇帝の玉璽（ヒスイの印）を解説した隋の律令と同じ文言である。

以下に天皇御璽、太政官印（今でいえば内閣印のレベル）、上申用の印、地方の印と徐々に序列を下げていることが一目瞭然である。

正倉院に残る奈良時代の内印（天皇御璽）印影

つまり、この天皇御璽のさらに上に位置づけられ、しかも「公印」のカテゴリーに記載されたこの〝神璽〟は今でいう神璽、つまり八尺瓊勾玉のことだと断言してもいいだろう。

一方、先述のように神祇令ではレガリアの神璽は鏡と剣だとも明記している。

どちらにも「践祚の日」に「寿《ことほぐ》（お祝いする）」ため

に使われる「神璽」だと明記されており、並列して読む限りどちらも同格で、あるいはこれを読んだ者は「これは結局同じ物を表現しているのか？」とあえて誤解を生むように書かれているのである。

常識的に考えれば、これは律令の公文書として問題があると言わざるを得ない。

法典というものは、誤解や曲解ができないような文章でなければならないからである。

だがこの誤解を生むような表現にこそ養老令の真の目的が表れているのである。

勾玉の通称「神璽」名付け親は聖武天皇だった

「神祇令践祚条」は古来からの伝統を明文化したもので、それ自体は忌部氏をはじめ誰しもが望み、納得できる法文だった。

ここに鏡、剣とは別に突如「勾玉」が書き加えられれば、それは必ず諸氏の詰問、異議が出されたに違いない。

特に忌部氏など黙ってはいないだろう。

養老令編纂の中心は藤原不比等であり、当初筆者は、上記の「神祇令践祚条」と「公式令天子神璽条」の文章こそが、不比等が断行した「静かなる革命」を証明するものだと考えていた。

しかしながら、先述したように不比等が神璽を隠し、その後、つまり七三七年に藤原四兄弟が死んだ後に聖武天皇と玄昉が隠された神璽を発見、これを宮子に見せて病を回復させたというのが真実だろう。

そしてこの養老令だが、一旦不比等が死んだ養老四（七二〇）年にほぼ完成したものの、施行は実に天平宝字元（七五七）年まで待たねばならない。

玄昉が神璽を藤原氏から奪還し、これを天皇に献上したのが天平九（七三七）年で、養老令がほぼ完成し、施行されるちょうど中間の時期である。これは、不比等ではない何者かによる養老令施行の保留、その内容に修正を加えた人物がいたと解釈してもなんらおかしくはない。

ここに知恵が必要であった。

神璽を永遠に皇位継承のレガリアとなし、なおかつ同時に戦乱の要因とならないようにする知恵である。

養老令に一足飛びに「勾玉もレガリアであり、三種そろって神器である」などと強引な条文を記載することはできなかった。

そんなことを書けば、勾玉とはいったいどのようなものか、となって再び戦争の元となる。藤原氏にまたぞろ余計な行動を誘発させるだけだろう、それは避けねばならない。

彼らに神璽を奪われるような口実だけは与えてはならなかった。

だから「践祚条」自体は今まで通り、何も変わらないようにせねばならない。

だからほとんどの貴族たちは何ら意に介することなく養老令を受け入れた。

聖武天皇はこう考えたに違いない。

……自然に、勾玉がいつのまにか二種神器に匹敵するレガリアとして扱われるべきである
……そのために「践祚条」とは別の条文をもうけて、勾玉も「践祚の神璽」だと表現すればいいのではないか……と。

つまり、「神祇令践祚条」は大宝律令の文章そのままで、聖武帝は新たに公式令に「天子神璽条」なる条文を設けて、ここに勾玉を「天皇践祚に使うしるし、レガリアである」と鏡

剣とほぼ同じ文章を書き加えることで事実上の「三種神器」を誕生させたのではないか。

「神祇令践祚条」だけを見れば、以前と変わらぬ二種神器である。

だが律令をよくよく読めば、別に「天子神璽条」なる条文があり、そこにも正体はわからないものの、〝践祚の神璽〟が登場する。

その時点では「天子神璽条」に出てくる神璽も、「神祇令践祚条」に出てくる神璽も同じものなのかな？　くらいに考えられ、誰も気に留めなかった。

二つの条文を合わせれば、誰にとがめられることもなく、いつのまにか「三種神器」が成立していることになる。

そして後世、践祚の折にレガリアとしての神器が三種あることが明らかになっても、それはもはや当然のこととして自然に受け入れられたのだろう。

しばらくは養老律令施行の後も（恐らくは藤原真楯やその末裔らによって）密かに神璽を新天皇へ伝え続けた。そして養老律令施行の四十四年後、平城天皇即位時には堂々と正式に「剣璽等承継の儀」を挙行することができた、ということなのだと思う。

そしてこの「神璽」が内印（天皇御璽）をはじめとした印鑑のカテゴリーに記すことで、この正体をあやふやにしつつ、「印鑑のようなもの」だと思い込ませる印象操作にも成功している。

実際、不比等の子孫でもある平安末期の慈円も、南北朝時代の花園天皇も、ずっと神璽を「印鑑」だと思っていたのである。

だから藤原氏さえ、見慣れぬ「天子神璽条」に書かれた「神璽」なるものがかつて祖父不比等が讃岐や紀伊の海人から取ってきた玉だとは気付かなかったはずである。

ただ、先述のように当時四十三歳だった藤原真楯だけは少なくとも知っていた。

藤原真楯は祖父不比等が神璽を私物化していた不名誉なことは子孫には伝えず、むしろ天皇のレガリアとして勾玉を回収したのは我ら藤原氏の祖、鎌足（実際にはその子不比等）ということを誇らしげに伝え、それが「玉取神社」創建につながった可能性がある。

そして時代が下り、彼らはよく調べた結果、実は印鑑ではなく八尺瓊勾玉なる宝なのだろう、と比較的広く知られることになるが、それは数百年もあとの事であった。

歴代天皇も不比等の子孫も、聖武帝らの「方便」に数百年ごまかされてきたことになる。

いったん天皇のレガリアとして定着してしまえば、もう藤原氏といえども決して手出しはできない。

聖武帝がごまかしたと言っても、少なくとも嘘はついていない。養老令には神璽が印鑑だとは一言も書かれていないからである。

ただ、印鑑のカテゴリーに「神璽《かみのしるし》」と書かれていれば、誰でも「印鑑だろう」と推測してしまう。しかも皇帝の印鑑を「神璽」と表現すること自体は間違っていないわけだから、これは聖武帝の作戦勝ちとしか言いようがない。

つまり三種神器は本来すべて「神璽」なのだが、今日特に八尺瓊勾玉を指して神璽と呼ぶのは、正体を覆い隠したまま聖武帝がこの養老令に記入させたことにより、当時はそう呼ぶしかなかったことによるのだと思うのである。

こうして「八尺瓊勾玉」、その正体は「十種神宝の四つの玉」で、別名「潮満珠、潮干珠」とも呼ばれた秘宝は、今も「神璽」と呼ぶこととなったのだろう。

こうして長年神代から続く神聖な玉でありながら戦乱の原因ともなり、安定した居場所がなかった神璽は、見事に天皇の手元に置かれることになったのだろうと思う。

そして箱は天皇といえども決して開けてはならないとも言い残した。

このことはつまり、神璽の魔力を封印することでもあったが、それでもよかったのだ。

一番大事なのは、これが神に約束されたとおり、皇位継承者のレガリアとして永遠に引き継がれていくことなのだから。

これが恐らく聖武天皇により編み出された知恵であり、天皇はそれを見事に成功させた。

最終章　天皇の系譜

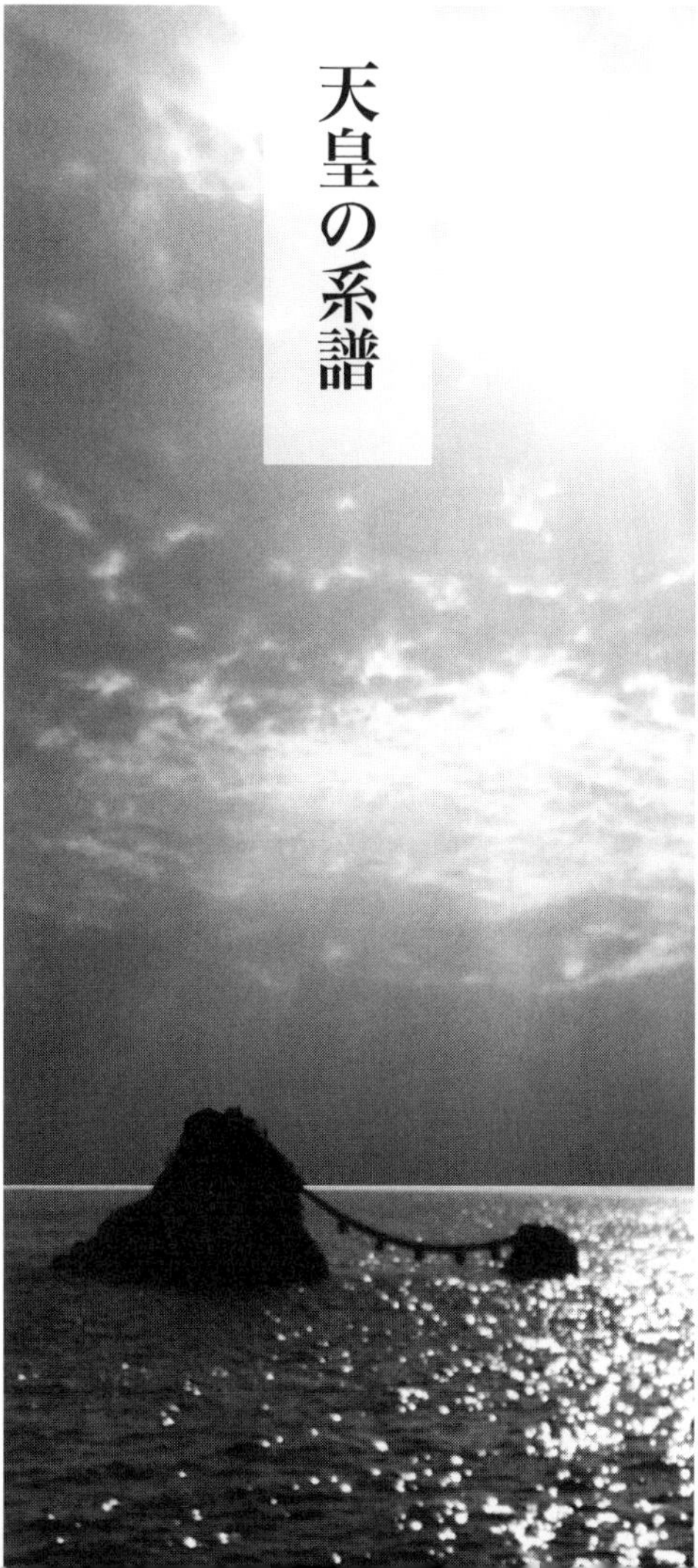

真の皇祖とは

ここまで神璽についてつらつらと述べてきた。

筆者自身、ここまで海人族に深入りすることになろうとは思いもよらなかった。

第一章では海人族の祖、饒速日尊について触れたが、神璽を追求するとどうしても天皇と海人族との関係をも掘り下げざるを得ず、その結果この神に何度も突き当たることになったのである。

それで本書のテーマである神璽から少し逸脱するのだが、最終章でこの問題について、筆者が知り得たことを簡潔に論じてみることとしよう。

第一章で述べた、『先代旧事本紀』をもう一度見ていただきたい。

巻三「天神本紀」に、

「天照大神詔して曰く『豊葦原《とよあしはら》之《の》千秋長《ちあきなが》五《い》百《ほ》秋長《あきなが》之《の》瑞穂國《みづほのくに》（日本）は吾御子正哉《まさや》吾勝々速日《あかつかつはやひ》天押《あめのおし》穂《ほ》耳尊《みみのみこと》の知《しら》す可《べ》き國なり』と言寄《ことよ》し詔賜《のりたまひ》て、天降《あまくだし》たまふ」

といい、天押穂耳尊が天降ろうとした時に、子饒速日尊が生まれたので、天押穂耳尊は、

「僕将《あれまさ》に降《あまくだ》らむと欲《おも》ひ装束《よそふ》間《ま》に所生《あれませ》る兒《みこ》あり。此を以て降可《あまくだすべ》し」

つまりこの子を以て降臨させてくださいと奏上すると、天照大神はそれを許可したという。つまり饒速日尊は正式に天照大神に日本を統治するよう命じられた孫神だというのである。物部氏の伝承を記し、平安初期に確立したというこの『先代旧事本紀』を読む限り、むしろ饒速日尊こそが日本を治めるべき神だとはっきりと書かれている。

『旧事本紀』・『古事記』・『日本書紀』（のうち「第六の一書〈あるふみ〉」と「第八の一書」）にある皇統の系譜

天照大神――正哉吾勝々速日天押穂耳尊――天火明櫛玉饒速日尊
　　　　　　　　　　　　　　　　　　　└瓊瓊杵尊――彦火火出見尊
　　　　　　　　　　　　　　　　　　　　　　　　　　└鵜葺草葺不合命――磐余彦尊（神武天皇）

※『日本書紀』の本文では天火明命と彦火火出見尊は兄弟で、ともに瓊瓊杵尊の子とする。

『古事記』を見る限りは、神武天皇から見て饒速日尊は曾祖伯父（曾祖父の兄）に当たる。

つまり饒速日尊の血統だけが日本の君主になりえるとする『旧事本紀』の主張は、『記紀』とは真っ向対立しており、しかもその時持たせた「日本統治のレガリア」として与えられたのが十種神宝だと書かれているのである。

また、同巻五「天孫本紀」にも饒速日尊を、

「天照太神、高皇産靈尊《たかみむすびのみこと》相共に生所る。故、天孫《あめみま》と謂ふ。亦皇孫《すめみま》と稱《まを》す」

〈天照大神と高皇産霊尊両神（の孫として）誕生された。それで天孫と言い、また皇孫ともいう〉

と見落としそうなほど地味に、しかし確かに書かれている。

第一章でも述べたように歴史上、言うまでもなく皇孫とは天照大神の男系の子孫で、皇位継承権を持つ者を指す言葉である。

そしてこれも第一章で書いたが、『日本書紀』によれば、饒速日尊はなぜか神武天皇に帰順して、天璽を献上したという。

しかし饒速日尊が天孫であることは神武天皇側も認めており、先に大和入りして統治していたこの神が、神武天皇に帰順した上皇位継承のレガリアである天璽、つまり十種神宝を渡さなければならない理由はまったくない。

饒速日尊こそが「皇孫」なのだ、と天照大神が宣言していて、しかも『日本書紀』も天孫であることを明記している。

『日本書紀』の記述自体、このあたりは実にあやふやで矛盾に満ちている。

だが現実として三種神器も十種神宝もすべて大和朝廷の手にあることは『日本書紀』が編纂された奈良時代は周知の事実とされ、十種神宝が元々饒速日尊が所持していたこともまた周知の事実だった。

そして三種神器の内、少なくとも神璽は十種神宝の四つの玉、生玉《いくたま》、足玉《たるたま》、道反玉《ちがえしのたま》、死反玉《まるがえしのたま》とまったく同じものであることは本書で繰り返してきたとおりである。

もちろん他の二種神器についてもその可能性は十分あるだろう。

饒速日尊だけが本来日本の初代スメラ——統治者——として神からも認められた存在である、という概念がまだ奈良時代の一部の人々の間には残っていたのかもしれない。

それで当時の藤原不比等率いる書記編纂者たち（というより藤原不比等その人だろうが）は、このような〝作文〟を作らざるを得なかったのではないか、とも思えてくる。

というのは饒速日尊及びその軍と、神武天皇軍が大和の主権を争って戦争した、などという伝承はこの『記紀』及び、『記紀』に影響されたに過ぎないと考えられる記録しか確認できないからである。

例えば出雲には確かに神武天皇東征時の物語を再現したという石見《いわみ》神楽が残されているが、これもその発祥は室町時代であり、地域の伝説が神楽になったわけではなく記紀神話が起源になったと考えられる。

地元伝承に由来している(つまり確かに史実を元に伝わった)とみなせるのは宮崎神宮等、九州のごく一部にのみみられるだけで、肝心の畿内など他地域においてはそのような伝承は確認できず、すべて後世に朝廷編纂の書物によって付会されたと推定されるのである。

一方で奈良県の三輪山の麓にあるきわめて古い地名である上之宮は、「饒速日尊の宮殿があったところ」だからそう呼ばれたという、明らかに記紀神話にはない独自の伝承を伝えている。

このほかにもこの神は全国の多くの神社に伝承とその名を伝え、祭神として祀られているのである。

そして肝心の『日本書紀』の記録は実に不自然、かつ強引で、登場人物それぞれの行動の動機が一向に見えてこない。

ましてや『日本書紀』は饒速日尊が天孫であることを認めながら、しかも饒速日尊の存在そのものを事実上抹消している。

まったく違う王朝ならば大陸の易姓革命の際にやるような、「前王朝の腐敗を退散させた正義の新王朝」を主張すれば足りる。

常識的に考えれば、その時に三種神器も十種神宝もその権威を切って捨てるはずである。しかしそのような事実はない。

このことはつまり王朝そのものが変わるような革命の類もなかったということを示している。

一方、『旧事本紀』が伝える「本来の皇祖」と「初代天皇」は、親戚ではあるが直系ではつながっていない。

これではやはり日本のあけぼのの時期、王朝が代わる「革命」が起きたように見えてしまうのも無理はない。

一体どう解釈すればよいのだろうか。

肝心の神武天皇についていえば、この人物は初代天皇とされているにもかかわらず、伝承や神社とのかかわりにおいて影が薄すぎる。

明治以降に創建された新しい神社を除けば、神武天皇を祀る大きな神社は、宮崎神宮（宮崎市）くらいしかない。

しかしこの神社さえ、もとは地方の小さな社殿の趣きだったようで、今のように大きくなるのは明治に入ってからである。

筆者は本書を書き始める以前から何度も飛鳥周辺に通ったが、このあたりで神武天皇の足跡を感じる場所はただ橿原《かしはら》神宮と神武天皇社および神武天皇陵だけだった。

この橿原神宮の創建は明治二十三（一八九〇）年である。神武天皇社（御所市）は記録はないが、元々小さな村社であって、初代天皇を祭る社殿といった規模ではなかったようである。

神武天皇陵も、このあたりに古墳自体はあったようだが、もちろん神武天皇かどうかなど分からない。現在みられる立派な御陵になったのは幕末である。

このような事情もあり、歴史学界の〝欠史八代〟説（十代目崇神天皇以前の二～九代の天皇は後世の創作であるという説）が幅を利かせることになったのだろう。

いまだ古代史学を闊歩するイデオロギー

初めにこの説を主張したのは津田左右吉《そうきち》と言われる。

昭和十四年（つまり戦前）に論文を発表したため、翌年当局に発禁とされ、起訴処分を受けた。言い換えれば『記紀』の記録をそのまま現代人の常識に当てはめることが当然とされた時代、当時の津田の説は「画期的」とも言えたわけだ。

だから例えば戦前は古代天皇が異常な長寿だと書かれていること（例えば『日本書紀』で神武天皇は一二六歳で崩御）なども何ら研究がなされず、あたかも本当に長寿だったかのように扱われていた。

多くの国民は不自然さを感じながらも、余計なことは言わず受け入れていたわけだ。

この点、津田の説は当時としては「論理的」で「科学的」であったと言えよう。

しかしそれは、あくまで「当時としては」ということに過ぎないことを理解しなければならない。

津田の主張を掻《か》い摘《つま》んで筆者なりにまとめ、箇条書きにすると、

○三世紀以前から、近畿と九州両方に「ヤマト」があった。

○三世紀になると、諸小国の君主に挑み、威圧する者が現れた。その典型が九州のヤマト（邪馬台国）である。

○近畿のヤマト（大和）は諸小国を領土として収容して大きくなっていき、出雲も収容した。

○四世紀に近畿のヤマト（大和）が九州のヤマトを征服した。

（津田は『魏志』の邪馬台国については決して日本国の前身とは全く関係がないとみなしていた）

○神武天皇については、四世紀頃（の書物である『記紀』の前身の書物であるとされる『帝記』『旧辞』）にはすでに何ら事実が伝わらず、崇神天皇につながる先祖としてささやかな伝承だけがあったため、この人物を初代天皇とした。

しかし、実際には崇神天皇が初めて日本を統治した人物であり、神武天皇は一応実在の人物を投影しているかもしれないが、いずれにしても日本を統治した人物ではありえない。

これが津田が言いたい骨子であろう。

この津田の説はその後広く支持されるに至った。なぜなら、

●『記紀』において二代目綏靖《すいぜい》天皇から九代目開化天皇の事跡がほとんど書かれていないこと、いかにも作り話っぽい直線的な系譜（全員親子継承）であること。しかも異常な長寿の天皇が多いこと。

●九代開化天皇以前の陵墓が特定できないが、十代崇神天皇になると突如立派でわかりやすい前方後円墳が発生すること。

●十代崇神天皇が御肇国天皇《はつくにしらしすめらみこと》と称えられたと『記紀』に書いており、崇神天皇が初めて統治したという意味だろうから、それ以前は架空の天皇に違いない。

これらの疑問に対する「論理的反論」が当時は出て来なかったこと、そして津田自身は保守的で皇室に対する尊敬心が強く、このことが津田説をして保守層と、戦後跋扈《ばっこ》したいわゆるリベラル層双方にアピールできる「妥協」案として採用されやすかったために、当初からいわばやや政治的な意味合いもある史学として定着するに至ったのだろう。

しかしながら、今は多くの科学的調査や新説が生まれ、津田説はすでに半分は破綻していると言ってもよい。

なぜならまず、三世紀以前から存在することが確定的な大和の纒向《まきむく》遺跡からは、九州を含めた全国から運ばれた土器が存在するからである。

ヤマトからは大量の土器が出土するが、そのうち実に一五パーセントは他国（地方）から運ばれたものだという。

土器というのは今でいえば貨物、コンテナの役割を果たしており、物資の流通が盛んに行われていたことを示している。

これは他の遺構には見られない特徴で、大和が他とは隔絶した規模と、半ば全国に及ぶ統治を成し遂げていた証拠としか言いようがない。

したがって、津田説を支持すると、九州に「日本国家とは別のヤマタイ国」なるものがあったとして、その「九州ヤマト」が三世紀に魏と交渉を持っていた時に、その九州を含めた全国の物産を流通させていた「近畿ヤマト」の存在が、魏の記録からすっぽり抜け落ちていた、ということになる。

これはほぼあり得ないと判断していいだろう。

なお、国立民俗博物館は平成二十三（二〇一一）年に箸墓《はしはか》周辺の土器に付着した煤を炭素十四年代測定で観測した結果、箸墓の築造を二四〇〜二六〇年頃だと結論付けた。

その後、平成三十（二〇一八）年、桜井市纒向学研究センターも二名の学者にそれぞれ箸墓周辺の纒向遺跡から出土した桃の種を測定依頼した結果、一三五〜二三〇年のものだと特定、さらに土器付着の炭化物、ウリの種も同様に測定したところ、一〇〇〜二五〇年の範囲に収まるだろうと特定した。

もはや「卑弥呼」の時代、大和が首都機能を持った巨大都市を擁していたことは疑いない。科学はすでに津田説を否定していると言ってもよいのである。

また、津田自身は『倭人伝』の内容が『記紀』とは何ら接点がないことも、邪馬台国が大和ではない証拠だとしているが、これは筆者が前作『天皇家の卑弥呼』で論じたように、

「当時すでに確立されていた天皇家において、孝元天皇の皇子だった武埴安彦《たけはにやすひこ》が起こした皇

位継承戦争（これが魏の記録した倭国大乱）を回避するために、一時空位となったヤマトの摂政として立てられたのが卑弥呼こと孝元天皇の娘、倭迹々日百襲姫《やまとととひももそひめ》である」

という自説とは真っ向対立する。

この説が正しければ、『記紀』と『魏志』は接点がないどころか、全く同じ事件を記録していることになる。

もちろん筆者はこの説に自信を持っているし、古代の暦が二倍年暦（年に二回あるお彼岸のとおり、太陽が真東から上る毎に一年とカウントする暦。古代天皇の異常長寿の理由もこれで説明できる）であったとみなして再計算すると、偶然では決してあり得ない次元で『倭人伝』の記録と『記紀』の記録はよく整合するのである。

以上から筆者は、すでに津田説が破綻していると断ずるのである。

皇位継承戦争を中心として、長く続いた戦乱の世は十代目崇神天皇のときに初めて一旦終結した。

その立役者が崇神天皇と倭迹々日百襲姫だろう、とも前著で強調した。

だから、激しい戦乱に明け暮れていたそれ以前の時代、天皇の事跡や陵墓が、あやふやだったり不明だったりすることは何ら不自然ではない、というのが筆者の考えである。

津田史学の一つ目の欠点として、『記紀』の多くを否定的・懐疑的に見ながらその否定の論拠を〝記紀〟ばかりに求めてすぎている点がある。

その典型例が〝崇神天皇の称号問題〟である。これは後述しよう。

さきほど書いた『旧事本紀』にある複雑な系譜や伝承に対し、ほとんど無視し、顧みていないことにも大きな問題がある。

先述したように、『旧事本紀』には明らかに、『記紀』が恐らく意図的に消したであろう皇祖の史実がある程度は反映されている。

本来、『記紀』の不足点や疑問点は別の史書を参考にして研究することは当然であるが、その大切な作業が完全に欠落している。

二つ目の欠点が、『記紀』自体が時の権力者に都合がいいように変えられてしまっている可能性を一切排除していることである。

あくまで奈良時代に、当時の朝廷が当時の古文書をできるだけつじつま合わせをして努力して作った書、という前提で語られている。

もしそのとおりであるならば、論理的追求をした結果「欠史八代」にならざるを得ないことは当然である。

しかしながら奈良時代の朝廷に何らかの思惑があり、記録を書き換えたり、あるいはまったく消してしまったとするならば、津田説は足元から崩壊してしまうのである。

ここからはかなり大胆な試論として私見を述べようと思う。

スメラの系譜

筆者は様々な記録・伝承を分析したが、どのような角度から見ても、本書を書き進めた結果からも、ある一つの結論に達せざるを得なかった。

あくまで「神璽の追求」という本書の主旨から外れるうえ、テーマが大きすぎるためにここでは簡単に触れておきたい。

しかし極めて重大な仮説である。

元伊勢籠神社（京都府宮津市、筆者撮影）

結論を言うと、本当はこの饒速日尊こそが今に続く天皇家の祖、つまり皇祖だということだ。

饒速日尊に関しては謎の多い神としていくつかの出版がされているが、筆者の知る限りこの神を皇祖だとみなしている説はないと思う。

調べたところ、饒速日尊こそ日本建国の祖だ、という説はいくつかある。

だが、この神が現在の天皇家直接の先祖神（つまり男系でさかのぼった先祖）だという説は恐らくない。

しかし、今の天皇家の祖は神武天皇ではなく、実在したらしい神人とされた饒速日尊なのだとみれば、すべての疑問は氷解する。

前著『天皇家の卑弥呼』でも論じたように、当時（おそらく饒速日尊の崩御後）皇統は『記紀』にあるように平和裏に父子継承ができず皇位継承戦争に明け暮れていた。

『旧事本紀』では、饒速日尊は妃の御炊屋姫《みかしきやひめ》が子（これが物部氏の祖、宇摩志麻遅命《うましまぢ》）を宿しているときに崩じたとしており、この突然の出来事がその後の日本を皇位継承戦争の時代に突入させてしまったのかもしれない。

そのためか皇位継承は不安定で、天皇の孫あるいはひ孫の代で皇統を継承するような状態や空位時代がたびたび起きた。

言い換えれば饒速日尊の存在はそれほど巨大で、この神（神人？）の子孫である者にのみ日本の君主の資格がある、という大前提が培われるに至ったのだと思う。

そののち、十六世紀の戦国時代をはるかに上回る長い戦乱時代が起きたと考えられる。

その主因は皇位継承戦争であったが、いずれにしても皇位継承者はその饒速日尊の男系子孫でなければならないという大前提は守られていたのだと思う。

〝天下統一の覇者〟となる戦国武将が、どこの馬の骨でも構わなかった十六世紀の戦争とはここが違っており、恐らく太古の戦乱は、この饒速日尊の子孫を〝玉《ぎょく》〟として擁する勢力同

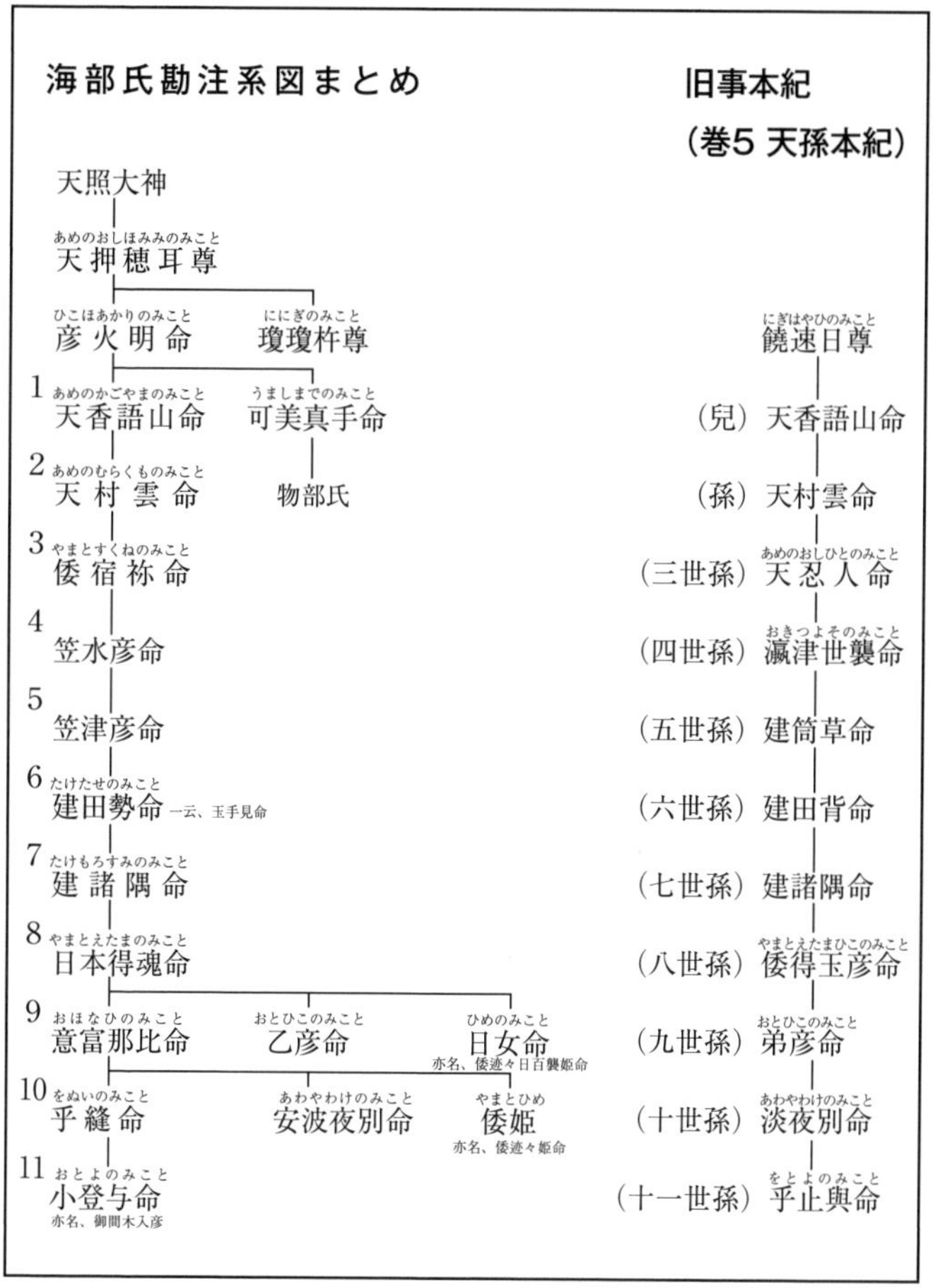

『勘注系図』については『古代海部氏の系図』（金久与一、学生社）の記述より作成

士の争いだったろう。

なぜなら十六世紀の戦乱の原因は、日本の君主（天皇）を定めることが目的ではなく、〝天皇の委任を受けて〟国家を運営する将軍や関白の座を争うことに他ならなかったからである。


ここで、その元伊勢籠神社が所蔵する『海部氏勘注系図』と呼ばれる、本系図を補填した資料を見ていただきたい（二六一頁）。

左は『勘注系図』を必要分だけ抜粋してまとめたもの、右は『旧事本紀』記載の天火明命（饒速日尊）の系譜である。

途中で名前が変わってしまうが、また同じ名が登場し、世代数は一致しているように見える。『旧事本紀』の系譜は尾張氏系図や京都府城陽市の水主《みずし》神社に残る系図とも一致している。


ここでまず『日本書紀』の中で神武天皇の御代に亀に乗ってやってきたとされる倭宿祢命が、同じ神武天皇の条に登場する饒速日尊の二世孫（ひ孫）となっている。

この時点ですでに、饒速日尊が神武天皇と対面していたという『記紀』の記述と矛盾している。

また、六世孫の建田勢命の裏書として「亦名、高天彦　一云、彦火火出見命之御孫玉手見《たまてみの》命《みこと》」とある。

彦火火出見命（ここでは饒速日尊か）の子孫で、玉手見命とも呼ばれたというのである。

この名は第三代安寧天皇の和風諡号「磯城津彦玉手看尊《しきつひこたまてみのみこと》」と一致しているのである。

そして九世孫の日女命の亦の名が「倭迹々日百襲姫命《やまとととひももそひめのみこと》」であり、十世孫の倭姫の亦の名が「倭迹々姫命《やまとととひめのみこと》」とあることも注目せざるを得ない。

『日本書紀』では七代孝霊天皇の子に倭迹々日百襲姫命がいて、八代孝元天皇の子に倭迹々姫命がいると書かれているのである。

これはまるで、八世孫日本得魂命が孝霊天皇で、九世孫意富那比命が孝元天皇だと言っているようなものである。

（ちなみに拙書『天皇家の卑弥呼』では、卑弥呼の正体はこの倭迹々日百襲姫命だが、彼女は実際には八代孝元天皇の実子である倭迹々姫である。

しかし、異母兄武埴安彦が起こした皇位継承戦争を回避する目的で祖父に当たる七代孝霊天皇の養女になったと発表した）。

また、十一世小登与命の亦の名が御間木入彦《みまきいりひこ》と書かれていることからもそう言える。

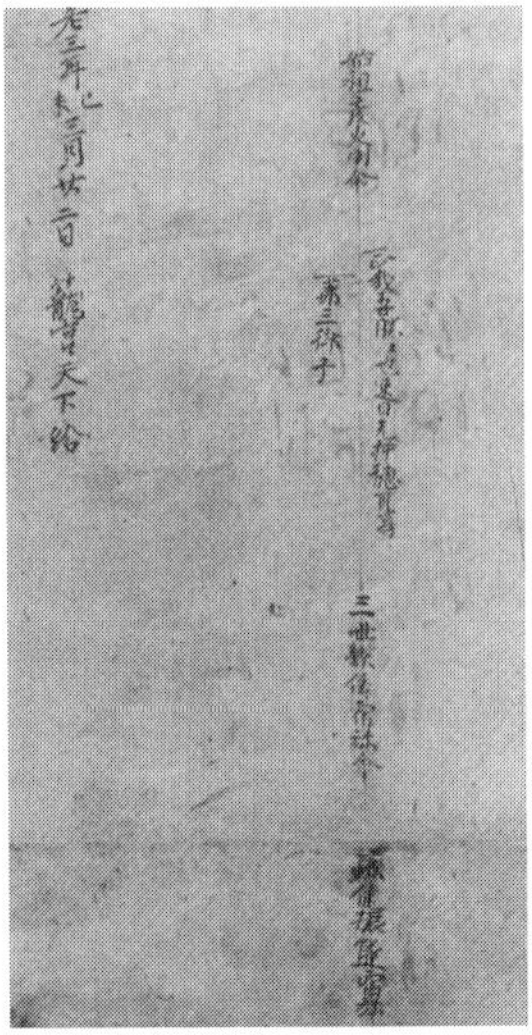

海部氏本系図（部分）
「古代海部氏の系図」より

ミマキイリヒコとは十代崇神天皇の名前である。

なお、本系図と呼ばれる、平安時代前期に丹後国印の押された（つまり公的に認められた）系図については、なぜか「飛ばし飛ばし」の系譜しか載せていない。

初代天火明命の次がいきなり三世（初代を含めて四代目）倭宿祢命が表記され、その次にはなぜか十九世（二十代目）建振熊宿祢《たけふるくまのすくね》命《みこと》が表記されている。

つまり、当局に睨まれそうな系譜をわざわざ外して丹後国庁に提出したようなのである。

一方の『勘注系図』は公的な系図ではなく、門外不出の秘伝書として扱われていた。

その理由はやはり天皇の系譜を同族として書いてしまうことになるため、当時の海部氏当主があえてそれを表に出さずに秘蔵した、ということになるのではないか。

そして初代饒速日尊は「天火明命」という名にすることで、比較的天皇との血縁を感じさせないよう配慮した苦肉の策の結果ではないのか。

饒速日尊の正式名は「天照國照彦天火明櫛玉饒速日尊」である。

『勘注系図』と『旧事本紀』を比較すると、三世孫から五世孫における名が違う。それぞれ三世孫とされる倭宿祢命と天忍人命については、父親が両者ともに天村雲命とあるのだが、その母親は、伊加里姫《いかりひめ》命と阿俾良依姫《あひらよりひめ》命となっており、ここから倭宿祢命と天忍人命は別人（異母兄弟）と推測できる。

ということは六世孫の建田勢命は、笠津彦命か建筒草命が父親とされるが、どちらかは養父を表記した可能性がある。

これは言い換えれば、建田勢命が先述のように第三代安寧天皇だとした場合、第二代綏靖天皇が、実は安寧天皇とは血縁上親子ではなく遠縁にあたる可能性もあるということだ（この系図では誰が綏靖天皇かを推測することはできない）。

『勘注系図』を見ても、天皇を思わせる人物の代数と世代数とは必ずしも合っていない。

このことは初期の皇統が親子継承ばかりだったという『記紀』の主張を覆す可能性を示唆している。

二つの系図を並べてみる限り、少なくとも二世孫（ひ孫・三代目）天村雲命まで遡らぬ限り、二代目天皇と、（建田勢命と見做した）三代目天皇との血縁が説明できない可能性がある、ということは言えると思う。

もっともこれらの記述は『勘注系図』にのみ確認できるものである。

また、この『勘注系図』においては、たとえば「八世孫日本得魂命の時は、崇神天皇の御代」などとも書かれている。

後世に加筆された可能性もかなりあると思われるが、先に述べた十一世孫小登与命の別名が「御間木入命（崇神天皇？）」とされている記述と、明らかに時代が錯綜している。

だからその真偽は慎重に判断しなければならないのは当然ではあるが、天皇家と海人族のあまりにも強い絆や親和性を知れば知るほどこの系図は無視できないと思うようになったのである。

この仮説を続けると、崇神天皇が「十代目」のスメラだという事実は、奈良時代の諸氏、国民がよく知っており常識だった。

このことは崇神天皇が『常陸國風土記』をはじめ、各地の『風土記』に登場していることからもそう言えると思う。

だから崇神天皇が十代目だという史実は変えられなかったし、変える必要もなかった。

なぜなら崇神天皇以降の天皇は、皆崇神天皇の子孫になるからである。

なぜ崇神天皇以降の史実が確定的に記録されているのかと言えば、前著『天皇家の卑弥呼』で論じたように、彼の時代ついに一旦乱世が終わり、かなり安定した政権運営が可能になったからである。

彼が御肇国天皇《はつくにしらしすめらみこと》と呼ばれたことで、「崇神天皇こそ初国治《はつくにし》らす、実際の初代天皇である」との説も戦後の流行である。

しかし学界でも主流のこの説の論拠はあってないようなもので、実は何ら論理性がない。

『日本書紀』はそれ以前に九代の天皇がいて、崇神天皇は十代目だと明記しているのである。『日本書紀』が皇統譜を九代〝水増し〟しているのであれば、わざわざその『日本書紀』が自ら嘘をついている大ヒントになる崇神天皇＝初代天皇だと受け取れる言葉を残す動機がないのである。

つまり、いまだに学界の主流は八代または九代もの天皇を水増しできるくらいやりたい放題出鱈目を書きなぐっている『日本書紀』が、何故かこの部分で崇神天皇が初代だと告白している、と支離滅裂な主張をしていることになる。


『常陸國風土記』にも初國所知美麻貴天皇とあるのだが、この『風土記』も勅命で作られた〝国定地方史覚え書き〟である。

これも奈良時代の権力者からすれば簡単に「抹消」できたはずである。

なぜそれをわざわざ残したというのだろうか。

九代の天皇の記録に何らかの政治的思惑があり、捏造または錯誤が含まれているだろう、という点ではそのとおりだと思うが、だからといってそれをいきなり「欠史」だと主張することはまったく論理性と整合性を欠いていると断ぜざるを得ない。


『日本書紀』がハッキリ書いているように、崇神天皇がそう呼ばれたのは、

「天神地祇《あまつかみくにつかみ》、共に和享《あまな》ひて風雨時に順《したが》ひ、百 穀《もものたなつもの》用ちて成り、家給《た》り人足り、天下《あめがした》大きに平《たひらか》なり（神々はともに穏和となり、風雨は時に従い、種々の穀物は熟して家々には物が満ち足りて人々は満足し、天下は大いに平穏）」となったためである。

この功績により「故、称へて御肇国天皇と謂す」となったと明記しているのだ。

言い換えれば少なくともその時代にいた日本人は、生まれて初めて太平という世界を目の当たりにしたがために崇神天皇を称えたわけだ。

繰り返すことになるが、これはつまり、それ以前の日本が戦乱に明け暮れていたことを示している。

同時代の人々が一度も平和を実感していなかったのであれば、初代ではない天皇にこの〝御肇国（正しい読みは不明）〟の称号が与えられても何ら不自然ではない。

この言葉は明らかに〝初めて日本の君主になった〟、という意味ではなく、〝初めて平和裏に統治することに成功した〟、という意味だろう。

都合の悪い部分はすべて捏造という前提で、同じ『日本書紀』を引用し「『日本書紀』に御肇国と書いてあるのだから、崇神天皇が初代天皇である。よってそれ以前の天皇はすべて架空の人物である」などという説がいまだ歴史学界を席巻しているのは、結局一旦定着したイデオロギーを変えようとする勇気と信念が欠落しているからと言えるだろう。

そもそも史学にイデオロギーは必要なく、ただ真実を追求すべきであるのに、これは誠に残念な風潮と言わざるを得ない。

おそらくそれ以前の数百年は太平と呼べる状態が稀にしか、あるいはまったくなかったのだと思う。

そして崇神天皇の御陵から突然立派な古墳（奈良県天理市にある行燈山《あんどんやま》古墳がそれとされている）が登場するのは、太平を実現したことで巨大陵墓の築造が可能になったことによるだろう。

そして崇神天皇と並んで太平実現の立役者が卑弥呼こと倭迹々日百襲姫《やまとととひももそひめ》であることも前著で強調した。

以上、まとめると、

○天皇家は日本史と日本文化の体現者であった海人族のトップに当たる家柄で、その祖と言える人物こそ饒速日尊であった。

○崇神天皇以前の天皇についての皇統譜はやや複雑で、実際の系譜を説明しようとするとどうしても皇祖饒速日尊に至ってしまう。

少なくとも三代安寧天皇（玉手見命）の血縁を説明するためには、皇祖のひ孫の天村雲命にまではさかのぼる必要がある。

○その時代は激しい動乱の時代で、戦争に明け暮れていた。『記紀』の記録があいまいなのは、戦乱により記録が混乱していたこともあると考えられる。

○しかし記紀編纂の主だった理由は、皇祖饒速日尊の存在を皇統から消し去ることにあった。

○それで、崇神天皇以前についてはその代数の十代に合わせてそれ以前の皇統の世代数を変え、すべてシンプルな親子継承に変えてしまった。

○崇神天皇以前の皇位継承は、実際には記録されているようなシンプルな親子継承だけではなく、孫やひ孫の代に飛んだり、甥《おい》に継承されたり、あるいは空位が続いたりの乱世だったと考えてよい。
○ただそれでも、皇位継承が皇祖饒速日尊の男系子孫でなければならないという掟は守られた。
○崇神天皇以降は恐らく、奈良時代に残っていた歴史記録通りの系譜を記載した。何故なら崇神天皇は奈良時代当時でもメジャーな天皇だったうえ、崇神天皇以降の天皇は、皆崇神天皇の子孫にあたるから、改ざんする必要がなかったのである。

天皇家は海人族のリーダーの血筋ということになるが、現代に至るまで皇統が続いている背景にはその祖で日本建国の父でもある饒速日尊の存在があるのだろうと思う。恐らくその想像を絶する偉大さは、当時の日本人の精神性、アイデンティティを決定づけた。それは無意識のレベルにまで我々の先祖の心に深く刻まれ、その記憶は代々世代を経ても遺伝し続け、以下に書くように奈良時代の権力者たちによってこの人物の記録が抹殺され、千年以上経てもなお我々日本人はその末裔である天皇に対し、冒しがたい畏怖の念を抱くに至っているのだと思う。

結局、奈良時代の権力者は、皇祖饒速日尊を歴史から抹殺することを目的の主軸として『日本書紀』等を編纂したと考えられるのである。

現実として奈良時代のこの時、存在している天皇家はその末裔であった。

そして末裔たる証が三種神器であり、神璽であった。

藤原氏が天皇家を滅ぼして自ら皇帝にはなれなかったのと同じ事情により、神器もまた天皇の手から奪い取ることはできなかった。

そこには藤原氏とて皇祖神の神罰、祟りを畏れる感覚があったのだと思う。

だから藤原不比等は、(実在したとしても恐らく天皇家と直接血縁のない)磐余彦命、つまり〝神武天皇〟を創作し、この人物が饒速日尊から十種神宝を譲り受けたとするフィクションをねつ造せざるを得なかったのだ。

その結果内容が「矛盾」と「あやふやさ」に満ちたものになってしまったのだろう。

このように太古の歴史を変えてしまった目的については私見を後述する。

万葉集第一首目の真実

真の皇祖の史実が消されたのは奈良時代である。
まさに藤原不比等が活躍し、藤原氏が台頭した時代だ。
この説はいくつかの古文書を慎重に検討することで補強できる。
たとえば奈良時代に編集された『万葉集』巻一第一首の雄略天皇（五世紀）の御製。

籠《こ》もよ　み籠《こ》持ち　掘串《ふくし》もよ　み掘串《ぶくし》持ち　この丘に　菜摘《なつ》ます児《こ》　家聞かむ　名告《なの》らさね　そらみつ　大和の国は　おしなべて　われこそ居《を》れ　しきなべて　われこそ座《ま》せ　われこそは　告《の》らめ　家をも名をも

〈籠《かご》はよい籠を持って、ヘラもよいヘラを持って、この丘で菜を摘んでいる娘よ、家はどこなの、名を名乗りなさい
空見つ日本の国は広く遠く私が君臨し、治めているのだ、私こそ名乗ろうか、家も名をも〉

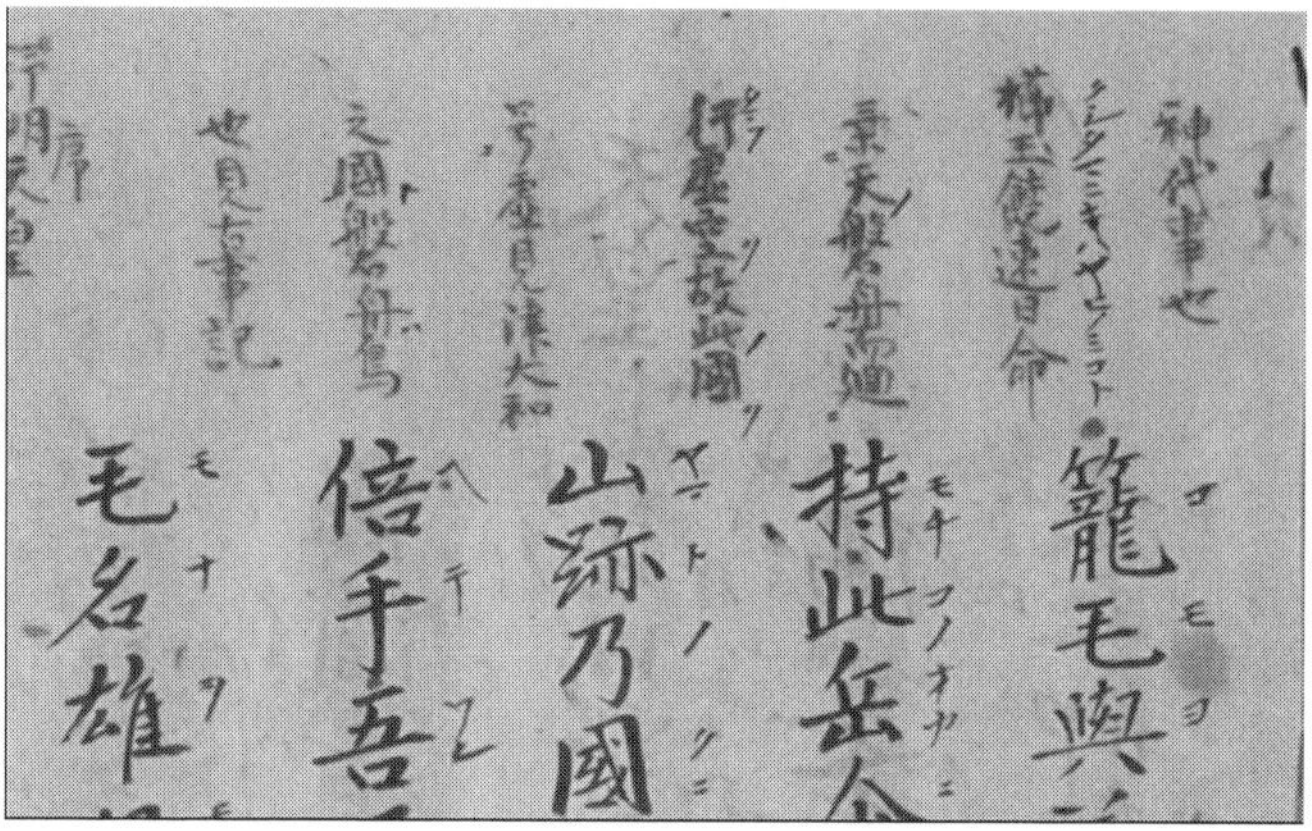

近衛文庫萬葉集（「京都大学貴重資料デジタルアーカイブ」より）

万葉集のような文化的作品の編纂において、その筆頭に来るものには、必ず編集者の重大な思惑が入っている。編集者がもっとも言いたいことが凝縮されていると言っても言い過ぎではない。

なぜこのまったく表裏のなさそうな牧歌的な歌が第一首に入っているのかは長年の謎とされてきたのだが、古写本に重要なヒントが隠されていた。『万葉集』にはその原本を忠実に写したという最古級の『萬葉集元暦校本』や『萬葉集西本願寺本』『近衛家本萬葉集』などがあるのだが、そのすべてにこの歌の中にある「空見つ大和の国」の解説としての裏書に、

櫛玉饒速日命、天の磐舟に乗り虚空《そら》を廻行《めぐりゆき》かふ。

故《かれ》、此の國を虚見《そらみ》津《つ》大和《やまと》之國《のくに》と号《なづく》る。
天磐舟《あまのいわふね》は古事記序《ふることのふみのはじめ》に見える鳥也

と書かれているのである。

解説付きで訳せば、
〈饒速日命は天磐舟に乗って空を駆け巡り、この国を空見つ大和の国と名付けた。『万葉集』第一首目の雄略天皇の歌は、この神代の言葉を引用しているのである。この神が乗っていた天磐舟については、『古事記』の序文にも見られる鳥の事である――〉

つまり、この裏書を読む限り、『万葉集第一首』だけでなく、同じく奈良時代にできた『古事記』の序文の、いずれにも〝空見つ大和の国〟と言挙げした饒速日尊のことが書かれていたことになる。

饒速日尊が大空を飛んで「空見つ大和の国」と名付けたことは『日本書紀』にも受け流すように書いてはあるのだが、そもそも古代において地名をつける行為は天皇にのみ許された。

伝橘諸兄公墓所
（京都府井手町、筆者撮影）

しかもヤマトという、日本の国号の名付け親であることを書物の筆頭に書くことは、両書ともに饒速日尊こそ日本国家の祖であると主張しているとも取れるのである。

『万葉集』は勅撰（天皇の命で作られた）ではない。

言い換えれば朝廷を牛耳っていた藤原氏と（唯一の味方とも言えた藤原真楯を例外として）明確に距離を置いて作られたのが『万葉集』だ、とも言えるだろうと思う。

先に筆者は第三章でも、「『万葉集』が斉明天皇や文武天皇の『紀伊の玉を望んだ』という歌を載せているのは、『記紀』が抹消した神璽の秘密をほのめかしているのだろう」と書いた。

橘諸兄や大伴家持ら『万葉集』の編者はここでも、『日本書紀』によって「消された皇祖神」をあえて歌集の筆頭に取り上げることで、藤原氏の「歴史操作」に反発し、できうる限りのギリギリの抵抗を示し、真実の歴史の解明を後世に託そうとしたのだと思う。

古事記の序文にも消された皇祖の情報があった

しかしながら「臣安麻呂《やっこやすまろ》（太安万侶《おおのやすまろ》）言《まう》さく」から始まる、現代に残る古事記の序文に「天磐舟」などという表記はない。

これだけ見ると、万葉集は何かの勘違いでも起こして第一首目の裏書に間違った情報を書き込んでしまったようにも見える。

ところが現代の『古事記』は、日本語的な白文で書かれた本文と違い、序文だけは駢儷体《べんれいたい》と呼ばれる大陸独特の違う書体で書かれている。このために江戸時代からこの序文は後世の追加、つまり偽文だろうと言われているのである。

後世に序文だけ差し替えるというのは非常に不自然な行為で、元の序文が奈良時代の権力者にとって何らかの不都合があったとしか思えないが、このような事情によるものだと解釈すれば非常につじつまがあう。

つまり、元々『古事記』の序文にも、『万葉集裏書』と同じような書式で、〝饒速日尊、天磐舟に乗り給ひ大空を巡りてこの国を空見つ大和の国と名付け給ふ……〟などと明記されていたに違いない。

『古事記』もまた、「日本の建国者、天皇家の祖」として饒速日尊を筆頭に持ってきたのだ。なぜなら『古事記』編者がそれをもっとも重要な事柄だと判断したからである。

そしておそらく『古事記』の完成後ほどなく、時の権力者――藤原不比等またはその子孫――によって序文が差し替えられてしまったと推測するのである。

『万葉集』に関して言えば、その編集者が間違いなくこの「裏書」を書きたいがゆえに、雄略天皇の歌を第一首に持ってきたのだ。

これなら不自然ではなく、御製（天皇の歌）である以上朝廷も罰したり焚書にすることもできない。

「道鏡事件」は誤解されている

このように理解すれば、奈良時代の末に称徳天皇が「怪僧」道鏡に皇位を譲ろうとしたという、有名ないわゆる道鏡事件も新解釈ができるのではないだろうか。

道鏡を皇位に就ければ、天下は太平になる――という宇佐八幡神の神託が下りたという知らせを聞いた女帝は、真偽を確認させるべく和気清麻呂《わけのきよまろ》を宇佐神宮に派遣する。

当時は藤原一族を中心に私利私欲で国政をおろそかにする不届き者が多く、それを憂いていた女帝にとって、彼女の懐刀であった道鏡に皇位を譲るという神託は朝廷改革のための起死回生の一手となり得たと言える。

ところが帰京した清麻呂の奏上は、女帝を激怒させるものだった。

我が国開闢《ひら》けてより以来《このかた》、君臣(天皇と臣下)定りぬ。臣《しん》を以《もち》て君とすることは、未だ有らず。天《あめ》の日嗣《ひつぎ》は必ず皇緒《くわうしょ》を立てよ。无道《むだう》の人は早《すみやか》に掃《はら》ひ除くべし

〈我が国では開闢以来、天皇になる者とそうでない者とは血筋で決まっている。一般の者を以て天皇としたことは、かつてない。皇位に就く者は必ず皇統の者でなければならぬ。無道の者（道鏡）は早く失脚させるべし〉

称徳天皇（718 ～ 770）
48代天皇。46代孝謙天皇の重祚（2回即位すること）。聖武天皇と光明皇后の子で、天武系最後の天皇。

と奏上したのである。

これを聞いた女帝は次のように勅命を下したという。

其《し》が姉法均《ほふきん》と甚大《いとおほ》きに悪《あ》しく奸《かだ》める忌語《いみこと》を作りて朕《われ》に対《むか》ひて法均い物奏《ものまを》せり。此《こ》を見るに面《おもて》の色形口《いろかたちくち》に云ふ言猶《ことなお》明らかに己《おの》が作りて云ふ言を大神の御命《おほみこと》と借りて言ふと知らしめしぬ。問ひ求むるに、朕《われ》が念《おもほ》して在るが如く、大神の御命《おほみこと》には在らずと聞《きこ》し行《め》し定めつ。故《かれ》、是《ここ》を以て法《のり》のまにま退け給ふと詔《の》りたまふ御命を、衆諸《もろもろ》聞《き》きたまへと宣《の》る。復《また》詔《の》りたまはく、此の事は人の奏《まを》して在るにも在らず、唯言甚　理《ただこといたくことわりに》に在らず逆《さかしま》に云へり。

（『続日本紀』　神護景雲三〈七六九〉年）

〈（清麻呂は）姉の法均と組んで、悪質でよこしまな偽りの話を作り、朕に向かってその偽りを奏上した。彼らを見ると、表情、口に出すこと、明らかに自分で作った嘘を大神のお告げだと言っていると感じた。

それで問い詰めたところ、やはり朕が思ったとおり大神のお言葉ではないと断定できたのである。それで国法に従って（清麻呂とその姉法均を）退けるこの命令を、皆聞いて受け止めるよう宣言する。（また天皇陛下が命ぜられるには）このことは他の人が偽りですと申し上げたからではなくて、ただその言葉が道理に合っておらず、矛盾していたからである〉と。

歴史上、この件は「称徳天皇が道鏡に個人的に恋愛の情を持っていたために私情に走り、神託を偽装してこともあろうに皇族でもない、単なる臣下筋である道鏡に皇位を譲ろうとした事件」とされてきた。

称徳女帝はだから、天皇としての評価はその死後一二五〇年間もの間、一貫してダメな人だったというレッテルを貼られてきたと断じてよい。

鎌倉時代や江戸時代には女帝を下品にこき下ろす物語や川柳もあったし、戦前戦後を通じても低評価という点では全く同じである。

だが常識的に考えれば、この〝道鏡恋人説〟に従った場合、和気清麻呂の奏上であるこの「ホンモノ」の神託を聞けば、いくら天皇でもその後ろめたさに恐縮してその間違いを神に詫びるはずである。別のところで女帝は「天皇の遠祖の男神女神のお定めになった、天つ日嗣の高御座（皇位）の順序……」などとも宣命していて、皇統とか皇位の条件を知らなかったわけがない。

にもかかわらず、女帝は自信満々に「大神のお言葉ではないと断定できた」と言い切る。

そして〝道理に合わず、矛盾している〟と宣言している。

いったい何がどう矛盾しているのか。

さらに女帝が言うには、

清麻呂等と相謀りけむ人在りとは知らしめして在れども、君は慈を以て天下の政《まつりごと》は行ひ給ふ物にいませばなも慈《うつくし》び愍《あわれ》み給ひて免《ゆる》し給ふ。

然れども行事《しわざ》に重く在らむ人をば法のままに収め給はむ物ぞ。

如是《かく》の状《さま》悟りて先に清麻呂等と同心《こころをおなじく》して一つ二つの事も相謀りけむ人等は心改めて明らかに貞かに在る心を以て奉侍《つかへまつ》れと詔《の》りたまふ御命を、衆諸聞きたまへと宣る。

〈（今回のニセ神託について）、清麻呂たちと共に謀った人がいることは知っているが、君主は慈しみを以て天下の政治を行うべきものであるから、今回については慈しみ哀れんで免罪とする。しかしあまりに悪質で重要な行為があれば、国法に従って処分する。
このような事情を理解し、今回清麻呂等と協力して一つか二つのことを共謀した者たちは、心を改め、明るく貞節を以て仕えるようにしなさい、という御命を、皆はよく受け入れなさいと宣言する。〉

と、実際には清麻呂とその姉法均以外にも、このニセ神託に関わった者がいることは知っているんだぞと公的に宣言までしているのだ。

称徳女帝の頭に異常がなかったのであれば、これらの記録には女帝による何か重大な主張がまるごとカットされているとしか思えない。

つまり、称徳女帝の主張は特におかしいわけではなく、要するに「何を言っているの。道鏡だって皇位の資格を持っているといえる血筋でしょう」と言っているのではないか。

何故なら天皇家と物部氏宗家は同祖で、同じく饒速日尊の子孫だからである。

『続日本紀』には宝亀三（七七二）年、道鏡死去を伝える記事に「道鏡は俗姓弓削《ゆげ》連」とある。この弓削連とは物部守屋の子孫のこと。つまり、道鏡は由緒ある物部の血統となる。

この事は、天平宝字八（七六四）年にも、藤原仲麻呂が高野《たかの》（称徳）天皇に「道鏡は、先祖が大臣として仕えていた地位と名を受け継ごうと思っている野心がある人物です」と奏上したと書かれていることからもうかがえる。この先祖の大臣とは物部守屋のことだろう。

皇位の条件は饒速日尊の男系子孫であればいいはずである。道鏡はだから、一応皇位を継承できるでしょうと称徳女帝は主張したのだろう。

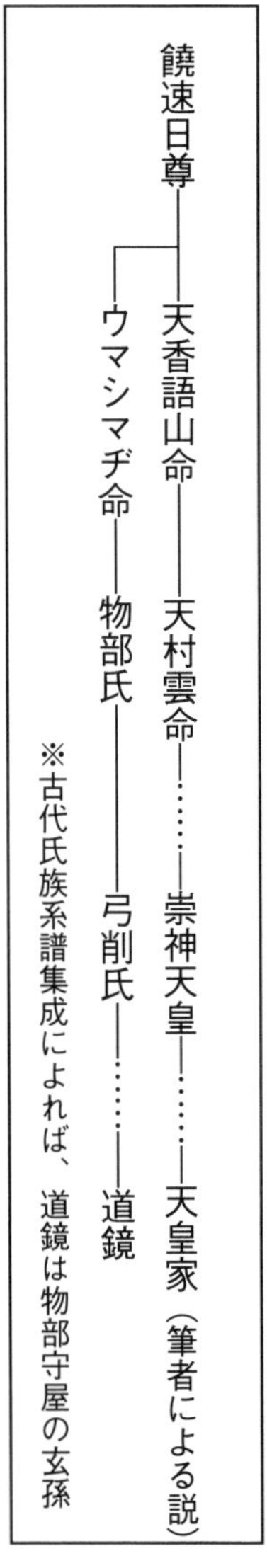

もっとも確かにはるか饒速日尊の男系子孫に皆皇位継承権があるのだと認めてしまえば、それこそ莫大な人数になり収拾がつかなくなる可能性があるから、好ましくないやり方にも見える。

だが、これも元はと言えば大宰府の主神（神官）である中臣習宜阿曾麻呂《なかとみのすげのあそまろ》という者が、宇佐八幡神から「道鏡をして皇位に即かしめば、天下太平ならむ」との神託を受けたとの知らせが来たため、女帝自身が清麻呂を玉座近くに招いて「八幡神の神託を聞いてくるよう」命じたことから始まるのである。

このことを後世の歴史家たちは、道鏡を皇位に就けるために女帝が偽装したニセ神託だと決めつけてきたのである。

しかし考えてみれば、女帝が偽装したのであれば、その女帝が真偽を確認させるために和気清麻呂を宇佐に派遣するわけがない。

清麻呂が女帝の心情を「忖度」してニセ神託に付き合ってくれると思っていた、とでも言うのであろうか。

この阿曾麻呂の神託が本物だったかどうかは確かめようがなかった。

女帝も本当かどうか判断できかねると思ったからこそ、清麻呂なら宇佐の神託を正直に復命してくれるであろうと考えたのだろう。

この記録から見えてくる、女帝が言いたかったことをまとめると

「確かに道鏡は人格者であり、皇祖の血筋を持つ人物と言える。
ただ、道鏡の皇位継承は一気に皇統譜を皇祖まで一旦遡らせることにもなる。
はたして神託のとおりでいいのかどうか、私としても迷うところであるから、その真偽と是非を、宇佐八幡宮まで行って確認してきなさい」ということだ。

極めて妥当でかつ私情を入れない冷静な判断と命令を下していたと考えられるのである。

日本と皇室を守るため、孤独に戦った女帝

仮に清麻呂の神託が「道鏡は立派で皇位継承権は一応あるものの、血統を遥か昔の皇祖の

神にまで遡るというのは好ましくないから、やめておくように」くらいだったなら、女帝は普通に納得して道鏡が皇位につくことを否定した可能性が高い。

しかし実際には清麻呂の神託は「天《あめ》の日嗣《ひつぎ》は必ず皇諸《くわうしょ》を立てよ、無道の道鏡は排除せよ」であった。

だから「それはおかしい。道鏡はまごうことなき皇祖饒速日尊の男系子孫ではないか。その言葉は道理に合わず矛盾している。清麻呂、お前は嘘を言っている」女帝はそう言いたかったに違いない。

しかし考えてみれば、藤原氏たちの目的が皇祖を歴史から消すことなのであれば、この神託でなければならなかったのだ。

七世紀の天智天皇は自身の子孫で皇位を独占したいと望んでおり、それを実現すべく奔走していたのが中臣鎌足であり、その子不比等であったらしいことを考えれば、奈良時代の朝廷を牛耳っていた不比等とその子孫らがこれを認めるわけにはいかなかった。

後述するように、元はと言えば皇統を独占したい天智天皇やその娘である持統天皇の思惑と、そうすることで藤原氏がいつまでも朝廷を牛耳ることがたやすくなると考えたことが皇祖を歴史から消した理由だろう。

また和気清麻呂もこの事件の折には三十六歳くらいで、称徳女帝はもちろん独身だから嫡子はおらず、遠からず天武系で皇統が続いた時代は終わりをつげ、皇位がかなり離れた天智系皇族に遷ることは予見できただろう。

だから嘘をついて女帝に逆らっても、あの甘い女帝の事だから処刑なんかされない、せいぜい左遷だからいずれ必ず名誉を回復して戻してやるなどと、裏で糸を引いている藤原永手《ながて》らに唆《そそのか》されていたのだろう。

事実一年もせぬうちに女帝は崩御し、本当に清麻呂は翌年官位を復活させているのである。

さらにこの事件があった翌月、女帝は「皆の心を整えなおし、まとめ治めることができるよう」と、紫の絹でできたたくさんの帯を作らせて五位以上の臣下に配ったという。

この帯には金泥で「恕——ゆるす——」という文字があつらえてあったという。

しかもなんと、藤原氏の者にはまだ成人に達していなくてもこれを賜ったというのである。

これは一連の事件の首謀者が、藤原氏を中心とする連中だったことを女帝がよく知っていたことを示している。

女帝はすべて見通していたのだ。

だが多勢に無勢、天皇といえども文字通り一人ではどうしようもなく、彼女はすべてを敵に回すわけにもいかず、何とか臣下をまとめようと必死に努力し、なだめてもいた。

このわずか数ヵ月後に、女帝は崩御してしまうのである。

しかもその死には不審な点がある。

神護景雲四（七七〇）年四月に体調不良を訴えたにもかかわらず、医療を施したという記録が一切ない。

藤原氏たちは、もしかすると女帝が病気になったのを知り、これ幸いと放置し、死ぬのを願っていたのではないか。

そしてまともに医療を受けることもできないまま、病気平癒の祈禱も受けぬまま、八月には崩御してしまった可能

性が高いのだ。

道鏡事件をこのように見なおした時、たった一人、最後の力を振り絞って孤独に戦い、もがく女帝の姿があまりに痛々しく悲しく見える。

そしてあまつさえその後なんと一二五〇年もの間、道鏡との情事に溺れて国政を誤った人物だとレッテルを貼られ続けてきた事実に戦慄を覚える。

たった一人でおそらくほとんど誰の訪問も受けられないまま、真っ暗な部屋の中に横たわり、最後まで皇祖と日本国家を案じながら、死を待つばかりだった称徳天皇の心情は如何《いか》ばかりだったろうと思う。

筆者はだから、その名誉を回復させるべきだと強く思うのである。

藤原氏は百年かけて「歴史を変え」ていた

皇祖を消すことが可能になった背景に、古代日本は言挙げせぬ国とも呼ばれ、元来特に皇祖神のことなどは迂闊に口に出すことも憚られていたことが一つ。

二つめは先述のように十代崇神天皇以前の日本は特に皇位継承戦争に明け暮れていたために、比較的当時の豪族の伝承も錯綜していたため、それが可能だったこと。

また恐らくその錯綜を口実にしたものだろう、三つめとして、飛鳥時代末の持統天皇の五（六九一）年、

八月の己亥《きがい》の朔《つきたち》にして辛亥《しんがい》に、十八氏に詔して、大三輪・雀部《さざきべ》・石上・藤原・巨勢《こせ》・膳部《かしはで》・春日・上毛野《かみつけの》・大伴・紀伊《き》・平群・羽田・阿倍・佐伯・采女《うねめ》・穂積・阿積。其の祖等《おやたち》の墓記を上進《たてまつ》らしむ。


勅命により主要な十八の氏族に対し、墓記（先祖伝来の神話、事績伝承が記録された書物）を献上させた（『日本書紀』）とあり、この中には藤原、大伴、紀伊、羽田といった貴族の他、海人族系である安曇、穂積、大三輪、采女といった諸氏、物部氏宗家の石上氏も含まれていたのだ。

これは事実上、諸氏族が保存していた重大な史書をすべて強制的に献上させ、その記録を

抹殺したことを間接的に示す重大な記事だろう。

海人族系諸氏の墓記には確実に、天皇家が海人族のリーダー格の家柄であるという伝承が含まれていたため、墓記を献上させただけではなく、彼らを中央政府から遠ざけるに至った。その結果、海人族は中央からその姿を消してしまったのだろう。


もちろんこの時期、朝廷を完全に牛耳っていたのが藤原不比等である。

このかなり強引な独裁的手法により、不都合な諸氏の記録はすべて抹殺できただろう。

そしてこの不都合な記録とはもちろん、皇祖である饒速日尊の記録と、その系譜のことだ。これを大っぴらに残すことは、いつまでも諸氏が担ぎ上げる遠縁の「皇位継承資格者」が名乗りを上げる可能性も残すことにつながる。

持統天皇は自身の末裔で皇統を独占したいと願う女帝であり、藤原不比等はもちろんこの女帝の願いを叶えるために諸氏の墓記を収容した。

そして藤原氏はそうすることで、永遠に天皇の筆頭臣下となり、朝廷を牛耳る氏族として繁栄することができる。

　古代日本は皇位継承戦争に明け暮れていたために、饒速日尊まで持ち出せば無数の皇位継承資格者が名乗りを上げ、かえって戦乱のきっかけになるために、人々がその名を使うこと自体を敬遠したことなどが何百年も続いた結果、奈良時代に時の権力者がその記憶そのものを抹消することが可能なお膳立てができてしまっていたのだと思う。

「道鏡事件」の折には、皇祖を抹殺して造られた『日本書紀』が発行されてすでに半世紀たっていたが、それでも称徳女帝の耳にはかろうじて「真の皇祖と真の歴史」が伝わっていたのだろう。

　それはおそらく父帝聖武天皇から、直接口伝でなされていたのではないかと思う。

　聖武天皇も皇祖神の史実抹殺に心を痛めていたはずだ。

　ただ、天皇といえども皇祖の名を出すこと自体はタブー視されており、その名を用いた結果、紛争が発生するなどということはあってはならないことだっただろう。

　これらの経緯については機会があれば書きたい。

　そして称徳女帝の次の天皇である四十九代光仁天皇（即位前は白壁《しらかべ》王という名）は、先述のように天智天皇の子の志貴皇子の嫡男で、天武系で継承されてきた当時の皇統からは遠く、即位するまではとても皇位継承が可能とは思えなかった人物だ。

だからそれゆえに、皇祖神のことなどは『日本書紀』以上の知識は全く持っていなかった。だからこそ藤原氏によって〝適格〟だとされて即位したのだろう。

白壁王は称徳女帝崩御のその日のうちにいきなり立太子している。

つまり、白壁王はある日突然次の天皇だと宣言され、考える間もなくそのための条件である皇太子になったのである。

これも明らかに立太子に関わった藤原永手、藤原宿奈麻呂《すくなまろ》、藤原縄麻呂《ただまろ》らが女帝崩御以前からひそかに仕組んでいたのだろうとしか思えない。


その白壁王は立太子のわずか二週間後、「聞くところによれば、道鏡はひそかに皇位を窺ったが、悪だくみは露見した」との令旨《りょうじ》（皇族の命令）も発している。

「聞くところによれば」であるから、白壁王自身は実際のところは何も知らなかったことがわかる。

これは明らかに「(藤原氏を中心とした当時を知る者たちに）聞くところによれば」という

意味に他ならないからである。

この令旨は藤原氏による、道鏡と称徳天皇のシンパにとどめを刺す発言だったのだろう。

「天武天皇から代々伝わり、さらに聖武天皇からの口伝」で真実をつかんでいた皇族たちの「皇祖の知識」に恐れおののいた藤原氏が、この光仁天皇擁立成功によって、ついになんらの知識も持たない天皇が現れ、その心配もなくなった。


皇族は誰も真実を知らなくなった。

権力が盤石になった時点で藤原氏自身もこれらの知識はない方がいいとされ——それを知ることは、自分の先祖たちがやらかした途方もない罪をも知ることになる——そしてついに誰も真相を知る者はいなくなったのだ。


一つだけ藤原氏の弁護をするとすれば、彼らは皇祖と皇統と海人族の歴史を抹殺したが、皇統の血筋そのものには手を触れず、守ってきたことである。

ここが日本以外の外国の歴史には全く例がない部分で、彼ら藤原氏も、例えば鎌倉時代に武家政権を作った源頼朝も、足利尊氏や徳川家康もみな同じように、皇統の血筋、つまり天皇家そのものには手を付けなかった。

その結果皇室は世界に類例のない長い歴史を持つこととなり、しかもそれが現代に続いているという奇跡も起こしているわけだ。

そこには現代人がそうであるように、おしなべていつも天皇が国民に支持されていること、という政治的判断もあるのだろうが、そこにはやはり藤原不比等にも、他の野心家たちも、皇室に手を触れることに対する一種の畏怖なり、祟りへの恐怖なり、説明しがたい何かを感じ取っていたからとしか思えないのである。

神璽を巡る自説年表

三世紀

崇神天皇、三種神器の形代（複製）を作成し、八咫鏡（本体）、草薙剣（本体）を倭姫に託し外に出す。

この時、神璽も形代を作ったが、本体と同じ容器に納められ（『旧事本紀大成経』、『白川本』による）、外に出されたと考えられる。

本体はすべて海人族が秘蔵することとなり、最終的に鏡は伊勢に、剣は熱田に落ち着くことになったが、現世ご利益の力があるとされた神璽は安住の地を得ず、各地の海人族が秘蔵することとなった。

四世紀末

神功皇后、筑紫や土佐で玉を得て、これを三韓征伐に使用し、大いに霊験があったという。その後、皇后は玉を海人族に返還。

四七八？

浦島子のモデルである億計王、凡海郷の斎宮（海人族の神女）と出会い、その後斎宮から「玉櫛笥」を得る。

その後王は都に帰還し、仁賢天皇として即位。

玉手箱を開けてしまった、という浦島子伝承から見て、やはり玉櫛笥は「返還」されたか。

五〇七　継体天皇、二種神器で即位。

五三六　宣化天皇、二種神器で即位。

六世紀半ば　欽明天皇、駿河の海人族（？）である小姉君から「不老長寿の薬」を渡されるが、これを返還してしまったという。恐らく神璽を収めた箱だと考えられる。

六二二　聖徳太子、薨去。恐らくその後、鶏卵状の宝珠を持つ聖徳太子等身像とされる「救世観音像」が作られる。

六三六　隋書倭国伝に「如意宝珠有り、大きさは鶏卵、色青く夜になると光る、魚眼の精也」と記録される。

六五八　斉明天皇、皇子の中大兄皇子らとともに紀伊に巡幸し、道成寺付近での思いを我が欲りし野島は見せつ底深き阿胡根の浦の珠そ拾はぬと詠む。この歌は「紀伊にある神璽を得ることができなかった」という意味か。

七世紀末～八世紀初め　道成寺伝承によれば、海人族の宮子、藤原不比等の養女となる。

六八一　讃岐の玉取伝説の元となる事件が発生か（この年は不比等と海女の子とされる房前が誕生している）。不比等、ここで神璽の二分の一を獲得したと考えられる。

六九〇　持統天皇、三種神器で即位式。同年、紀伊巡幸。

六九七　宮子、文武天皇の夫人となる。
七〇一　文武、宮子に首皇子が生まれる。
同年、文武は紀伊巡幸。斉明天皇と同じく玉を得られないことを嘆いた歌を歌う。
（実際には不比等はここで残りの神璽も獲得していただろう）
この頃、宮子が病む。
またこの年、丹後に地震が三日続き、凡海郷島が海に沈んだという。
七二〇　『日本書紀』成立、養老律令がほぼ完成、不比等死去。
七三五　玄昉、遣唐使から帰国。道成寺を訪問するという。
七三七　藤原四兄弟、相次いで死去。
年末に玄昉は宮子を診察するが、その場で回復したといい、玄昉と聖武

七五二　天皇が神璽回収に成功したことをうかがわせている。
（藤原真楯が他の藤原氏に先んじて聖武帝に神璽を返上したか）
　　　　橘諸兄邸で聖武帝・橘諸兄・大伴家持・藤原真楯が宴を催す。

七五六　聖武天皇、崩御。

七五七　養老律令、施行。「天子神璽条」に天皇践祚の宝として神璽が登場。
（事実上の三種神器成立。正確には崇神天皇以来はじめて〝三種神器〟が復活）
またこの頃から橘諸兄や大伴家持ら、『万葉集』編纂開始か。

八〇六　桓武天皇崩御により、平城天皇即位。
この時、現在の「剣璽等承継の儀」と同じ儀式の初見。

八〇七　『古語拾遺』成立。

八二五	「鎌足公が讃岐で玉を得て日本の宝とした」事を記念する玉取神社が藤原氏支流の人物によって群馬県に創建される。
九六八前後	冷泉天皇、神璽の箱を開ける。白雲が立ち上ったため、慌ててこれを閉じたという。
一一八五	壇ノ浦の合戦。海上に浮かんだ神璽の箱を、武士が知らずに開け、上下二層、計八つの玉が入っていたことが慈円に記録される。
一二二一	順徳天皇、『禁秘御抄』を著し、この中で「璽筥（神璽の箱）は傾けてはならない」とされていると言及。
一三一二	花園天皇、璽筥には何が入っているのかと関白に下問。関白の鷹司冬平、答えられず。

あとがき

神璽が本当に「魔法の力」を持っていたかどうかなど確認できるはずもないが、藤原氏のルーツである中臣氏は古来忌部氏とともに魂振り・魂鎮めといった古神道の呪術を司る一族であった。

つまり彼らは神璽の「取扱方法」を熟知していたと考えられる。

聖武天皇に神璽を返納するに当たって、彼らがこれに「藤原氏繁栄」の祈禱を施していたとすればどうであろうか。

と言うのも事実として歴史の証明するところでは、紆余曲折があったといえ、平安時代の朝廷を牛耳り天皇の側近の一族として日本で最も栄えたのは藤原氏であったからである。

彼らは全国に荘園を持ち、ありとあらゆる栄華を独占したといっても言い過ぎではない。

その権勢は十二世紀末の鎌倉幕府の樹立によって断たれてしまうのだが、この直前に壇ノ浦で平家とともに海に投げ出された璽筥（神璽の入った箱）は武士によってその蓋が開けられてしまったことは第一章でも書いた。

祈禱を施された神璽は、密封することで効果を発揮するらしいことも何度も書いた。

箱を開けてしまうとその魔力は煙とともに霧散してしまう。

蓋が開けられたこの時、本当に藤原氏が仕掛けた「我が世の繁栄」の祈禱が「解除」された可能性がある。

このようなミステリアスで不思議な解釈を思わずしたくなってしまうほど、神璽に起きた歴史である「藤原不比等が海人族から奪取し、天皇に返還された時期から、檀ノ浦で蓋が開けられるまでの四百年間」と藤原氏の栄華の時期があまりにもキッチリと重なり過ぎているのである。

もっとも以前とは比較にならないほど権勢は衰えたとは言え、その後も藤原氏は天皇側近の筆頭公卿としてその権威を保っていたわけではあるが。歴史からの完全な脱落は昭和二十年の近衛文麿の自殺とその二年後の華族制度廃止まで待たなければならない。

中臣鎌足が「乙巳の変（大化の改新）」で歴史の表舞台に登場してから、きっかり一三〇〇年後の事であった。

藤原氏は歴史の表舞台からは消えてしまった。

血筋としては今も多くが藤原不比等の末裔として存在しているだろうが、彼らが藤原一族の末裔として歴史の表舞台に再び台頭することなど、まずありえないだろう。

ところで何度も登場した『古語拾遺』だが、この中には神璽に関する異説の神話を記録している。

是において、素戔嗚神は日神に辞を奉らむと天に昇りし時、櫛明玉命瑞八坂瓊の曲玉を以つて獻じ迎へ奉らむ。

素戔嗚神は之を受け日神に轉へ奉らむ。仍ち共に約誓し、即ち感じ［盛一本］其の玉より天祖吾勝尊《あまつみおやあかつのみこと》を生む。是を以つて天照大神は吾勝尊を育む。

〈ここにおいて、スサノオノミコトは天照大神に暇をもらおうとして天に上った時、櫛明命が八尺瓊勾玉を献上してお迎えした。

スサノオノミコトはこれを受けて天照大神にたてまつった。

そして一緒に善悪を判断する約誓《うけひ》の儀式を行ったところ、感ずるところがあり、この玉から天祖である吾勝尊を産まれた。それで天照大神はこの吾勝尊をお育てになった。〉

この吾勝尊とは、初めに天照大神が日本の君主として降臨させようとした正哉吾勝々速日天押穂耳尊のことである。

しかし、そのうち吾勝尊に子供が生まれたために、その子供が降臨し、日本の君主の祖となった。その名が、

天照国照彦天火明櫛玉饒速日尊

であった。

この神こそ皇祖である。

つまり、歴代の天皇は、天照大神とスサノオノミコトが、神璽を用いた神聖なる儀式によって誕生した皇祖の末裔だということになるのである。

神璽を巡っての歴史を調べた結果はあまりにも激動と激変の連続で、常識的に考えれば諸外国と同じように、神璽と言わず天皇家と言わず諸貴族と言わず、なにもかも失われてしまっても何ら不思議ではなかった。

事実として二十世紀半ばの華族制度の崩壊とともに、藤原氏を含めた諸氏はことごとく過

去の歴史の中に埋没してしまった。
藤原氏も、忌部氏も、蘇我氏も、そして海人族の諸氏族さえも今は過去の歴史上の存在でしかなく、ごくわずかに大社の宮司家などにその面影を感ずるに過ぎない。

しかしながら、天皇家だけは激動の近代史さえものともせず、今も厳然と存在する。
そして、その神話の神聖なレガリアである神璽は、今も誰にもその中身を見られることもなく、皇居の中で歴代天皇と共に静かに永遠の時を刻んでいるのである。
この存在が続く限り、我々日本人はいつでも、またいつまでも、現代と過去と未来をいとも簡単にひとつのものとして結ぶことができるのである。

最後になりましたが、本書を作成するにあたって前作同様長期間かつ大量の校正等に付き合っていただいた、鳥影社の百瀬精一氏、北澤晋一郎氏、矢島由理氏ほか関係者の皆様に、この場をお借りして厚く御礼申し上げます。

令和二年一月　筆者

主要参考文献（順不同）

新編日本古典文学全集『日本書紀（1）〜（3）』平成六〜十年　校注訳　小島憲之 直木孝次郎 西宮一民 蔵中進 毛利正守
同『萬葉集（1）〜（4）』平成六〜八年　校注訳　小島憲之 木下正俊 東野治之
同『風土記』平成九年　校注訳　植垣節也
同『平家物語（1）・（2）』平成六年　校注　市古貞次
以上、小学館
新潮日本古典集成『萬葉集（1）〜（5）』昭和五十一〜五十九年　校注 青木生子 井手至 伊藤博 清水克彦 橋本四郎

同　『古事記』　昭和五十四年　校注 西宮一民
同　『太平記（1）～（5）』昭和五十二～六十三年　校注 山下宏明
以上、新潮社

新 日本古典文学大系『古事談　続古事談』　平成十七年　校注 川端善明 荒木浩
同　『続日本紀（1）～（5）』平成元～十年　校注 青木和夫 稲岡耕二
笹山晴生 白藤禮幸

『古語拾遺』斎部広成撰　平成十六年　校注 西宮一民
以上、岩波書店

『続日本紀（上・下）全現代語訳』平成四・七年　宇治谷孟　講談社学術文庫
『先代旧事本紀訓註』平成十三年　大野七三編　批評社
『旧事紀訓解』　昭和六十年　三重貞亮訓解　新國民社
『旧事大成経に関する研究』昭和二十七年　河野省三　藝苑社
『通俗元亨釈書和解巻之下』明治二十六年　師錬　法蔵館

主要参考文献

『太子傳記』覚什　不詳（国会図書館蔵）
『小説聖徳太子』平成十一年　山上智　徳間書店
『丹後郷土史料集　第一輯 丹哥府志』昭和十三年　木下微風編 竜灯社出版部
『鎌倉仏教の研究』昭和三十二年　赤松俊秀　平樂寺書店
『古代海部氏の系図（新版）』平成十一年　金久与一　学生社
『海人と天皇（上・下）』平成三年　梅原猛　朝日新聞社
『律令国家成立史の研究　日本史学研究叢書』昭和五十七年　黛弘道　吉川弘文館
『古事記及び日本書紀の研究（新書版）』平成三十年　津田左右吉　毎日ワンズ
『増補　史料大成　花園天皇宸記（一・二）』昭和四十年　増補史料大成刊行会編　臨川書店
『註解・養老令』昭和三十九年　曾田範治　有信堂

本書に掲載されているイラストは筆者が作成したものです。

〈著者紹介〉
深田浩市（ふかだ　こういち）
昭和 42 年　京都府生まれ
立命館大学理工学部卒業
歴史研究家

著書：『天皇家の卑弥呼』（鳥影社、2018 年）

天皇の秘宝
—さまよえる三種神器・神璽の秘密—

定価（本体 1500 円 + 税）

乱丁・落丁はお取り替えします。

2020年2月11日初版第1刷印刷
2020年2月23日初版第1刷発行
著　者　深田浩市
発行者　百瀬精一
発行所　鳥影社 (choeisha.com)
〒160-0023 東京都新宿区西新宿3-5-12トーカン新宿7F
電話 03-5948-6470, FAX 03-5948-6471
〒392-0012 長野県諏訪市四賀229-1(本社・編集室)
電話 0266-53-2903, FAX 0266-58-6771
印刷・製本　シナノ印刷

ISBN978-4-86265-776-3　C0021